Daniel Harter
Schrille ZEIT

Daniel Harter

SCHRILLE ZEIT

SCM Hänssler

SCM

Stiftung Christliche Medien

Mehr Informationen zum Autor gibt es unter
www.DanielHarter.de

Bestell-Nr. 394.876
ISBN 978-3-7751-4876-4

© Copyright der deutschen Ausgabe 2008 by Hänssler Verlag
im SCM-Verlag GmbH & Co. KG · 71088 Holzgerlingen
Internet: www.haenssler-verlag.de
E-Mail: info@haenssler.de
Umschlaggestaltung und Titelbild: Heiko Rafflenbeul,
YELLOW TREE KOMMUNIKATIONSDESIGN,
www.ytdesign.de
Satz: typoscript GmbH, Kirchentellinsfurt
Druck und Bindung: CPI – Ebner & Spiegel, Ulm
Printed in Germany

INHALT

Wir gratulieren Dir zu dem Entschluß
Dein Leben mit Jesus zu leben und
das in der Taufe heute öffentlich
zu bezeugen! Spitze!

»Niemand soll dich gering schätzen, nur weil du jung
bist. Sei allen Gläubigen ein Vorbild in dem, was du
lehrst, wie du **lebst**, in der **Liebe**, im **Glauben** und in
der **Reinheit**.«

1. Timotheus 4,12

... aber liebes Svenni, laß Dich
von dem 2. Teil des Verses nicht
umhauen!!! Wer ist schon immer
"vorbildhaft"? ... aus eigener Kraft
niemand!!!
Es geht darum, Gottes
liebevolle Nähe zuzulassen
und die wirkt sich schon
aus ----!!
In diesem Sinne "Gottes Segen"
- auch mit diesem Buch....
Deine Ompi   16.11.2008

VORWORT

Wohl bekomm's ...

Glauben kann man nicht über einen längeren Zeitraum aus den Erfahrungen von gestern speisen. Glauben muss frisch auf den Tisch. Jeden Tag neu. Die Zutaten für frischen, knackigen Glauben finden wir in der Bibel, dem Wort Gottes. Was jetzt noch fehlt, sind ein paar gute Rezepte. Und die gibt es hier. In diesem Buch.

Daniel hat es geschafft, das Wort Gottes mundgerecht in kleine Häppchen für jeden Tag aufzubereiten. Und das Beste ist: der Geschmack!

Auferweckend und aufregend, irritierend und wegweisend. Wer sich auf diese schrille Zeit einlässt, der wird geistliche Wachstumsschübe haben.

Die Einheiten sind praxisnah und theologisch sauber aufgearbeitet. Sie sind mit einer Prise Frechheit gewürzt und mit persönlichen Erfahrungen abgeschmeckt.

Doch Achtung! Wer denkt, es handelt sich hier um Fast Food, der irrt. Diese geistlichen Lektionen müssen lange gekaut und verdaut werden, wenn sie nachhaltige Veränderung bewirken sollen.

Trotz des lockeren und flüssigen Schreibstils stecken hier tiefe geistliche Wahrheiten drin, die man nicht auf die Schnelle mitbekommt. Deshalb mein Tipp: Nimm dir Zeit. Nimm dir Stille. Denn nur aus der Stille kommt das Schrille! Guten Appetit!

Torsten Hebel

EINLEITUNG

Bei McDonald's...

Es war um 2 Uhr morgens, als wir nach einem wunderschönen Konzert auf der Heimfahrt bei McDonald's Halt machten, um uns mit Koffein und gesundem Essen zu versorgen. Bei dem Konzert hatte jeder von uns als kleines Dankeschön einen riesigen Blumenstrauß geschenkt bekommen. Das einzige Problem war, dass unser Bus schon bis unters Dach voll gepackt war und wir so die Blumensträuße auf der 5 Stunden langen Fahrt in den Händen halten mussten.

Bei McDonald's hatte ich dann die brillante Idee, meinen Blumenstrauß einfach an eine nette Verkäuferin zu verschenken! So würde ich gleich zwei Menschen glücklich machen: mich selbst, weil ich dann endlich mehr Platz im Auto hatte, und eine McDonald's-Verkäuferin, die morgens um 2 Uhr noch arbeiten musste. Nachdem ich also meine Bestellung abgegeben hatte, erklärte ich der Verkäuferin, dass ich ihr gerne »einfach so« diesen riesigen Blumenstrauß schenken würde. Einfach als Anerkennung ihrer harten Arbeit um diese Uhrzeit. Aber was dann geschah, hatte ich nicht erwartet. In lautstarkem und aggressivem Tonfall erklang es durch das McDonald's: »Du willst mich wohl verarschen. Du kannst deine Späße mit jemand anderem machen, aber nicht mit mir!«

Tja, da stand ich wie ein begossener Pudel und hatte nun die volle Aufmerksamkeit aller Besucher. Während der Rest meiner Band vor Lachen am Boden lag (was nicht gerade meine Ernsthaftigkeit unterstrich), versuchte ich es bei der nächsten Verkäuferin, die dann glücklicherweise ohne viel Worte die Blumen nahm!

Als ich dann wieder im Auto saß und über die Geschichte nachdachte, hatte ich das Gefühl, Gott sagte zu mir: »Siehst du, Dani – jetzt weißt du mal, wie es mir geht! Ich möchte dich so oft beschenken, aber du lässt mich einfach nicht und ignorierst mich!«

Gott ist ein liebender Vater und er möchte seinen Kindern Gutes tun. Er möchte dir Blumen schenken, er möchte dich nachts um 2 Uhr aufmuntern! Er möchte zu dir reden, dein Leben beeinflussen. Die Frage ist nur: Haben wir Zeit dafür? Hören wir zu, wenn Gott redet oder sind wir viel zu beschäftigt?

Dieses Buch soll eine Hilfestellung sein, damit du die nächsten 40 Tage eine *schrille Zeit* mit Gott haben kannst! Es geht hier nicht um »stille« Zeit, denn es wird garantiert nicht still sein, wenn du Gott erlaubst, in dein Leben zu reden! Ich wünsche dir, dass es eine »echt schrille Zeit« wird und Gott dein Leben auf den Kopf stellt! Ich möchte dich herausfordern, dir jeden Tag die Zeit zu nehmen, um ein paar Abschnitte in Gottes Wort zu lesen und darüber nachzudenken! Manchmal sind es längere Texte und viele Bibelstellen, aber es lohnt sich, all das nachzuschlagen, um bei manchen Themen einmal etwas tiefer zu schürfen.

Jeden Tag hält Gott einen großen Blumenstrauß für dich bereit, mit dem er dein Leben bereichern möchte. Die Frage ist nur: Nimmst du dir die Zeit dafür oder lässt du Gott links liegen? Vielleicht schenkt er dann den Blumenstrauß der nächsten Verkäuferin!

Daniel Harter

SEI EIN VORBILD IN DEINEM REDEN UND TUN

>>Niemand soll dich gering schätzen, weil du jung bist. Sei allen Gläubigen ein Vorbild in dem, was du lehrst, wie du lebst, in der Liebe, im Glauben und in der Reinheit.<< 1. Timotheus 4,12

Timotheus war der engste und vertrauteste Mitarbeiter von Paulus. Er war wohl noch sehr jung, als Paulus ihn mit der Leitung der Gemeinde in Ephesus beauftragte. Paulus schreibt seinem Freund und Mitarbeiter hier einen Brief, um ihn zu ermutigen und ihm ein paar Tipps für seine Arbeit zu geben. Um einen sehr wichtigen Vers in diesem Brief soll es in den nächsten 40 Tagen gehen. Paulus ermutigt Timotheus, trotz seines jungen Alters ein Vorbild für die Menschen um ihn herum zu sein. Und er nennt konkret vier Bereiche, in denen es wichtig ist, ein Vorbild für andere Menschen zu sein, damit unser Glaube glaubhaft ist!

Je 10 Tage wollen wir uns Zeit nehmen, um uns um einen der vier Punkte zu kümmern. Genau wie Paulus möchte auch ich dich ermutigen, ein Vorbild für andere Leute zu sein, auch – oder gerade dann – wenn du selbst noch jung bist. Warte nicht darauf, dass >>erwachsene Menschen<< dir Vorbilder sind, sondern sei du anderen ein Vorbild und lebe das, was du glaubst! Eines Tages wirst du vor Gott stehen und dein Leben verantworten müssen und dann wird Gott dich nicht danach fragen, ob deine Eltern oder deine Lehrer Vorbilder waren, sondern er wird dich fragen, ob du ein Vorbild warst!

»Niemand hat ein Recht, auf dich herabzusehen, weil du noch so jung bist. Allerdings musst du in jeder Beziehung ein Vorbild sein, in allem, was du sagst und tust: In der Liebe, im Glauben und in deiner ganzen Gesinnung.« So steht es in der *Hoffnung für alle*. Du darfst mit großem Selbstvertrauen für die Wahrheit auftreten und darfst in deinem **Reden und Tun**, deiner **Liebe**, deinem **Glauben** und deiner **Reinheit** anderen ein Vorbild sein. »Achte sorgfältig auf dich selbst und auf die Lehre. Bleib der Wahrheit treu, und Gott wird dich und alle, die dich hören, retten« (1. Timotheus 4,16).

Die ersten 10 Tage wird es um dein Reden und Tun gehen! Das Wort, das hier für »reden« gebraucht wird, bedeutet, missionarisch aktiv zu sein. Wir wissen, dass Timotheus ein Evangelist war, dass er von Gott begabt war, um sein Wort kraftvoll zu verkündigen. Gott hat auch dir einen Mund gegeben, damit du anderen von ihm erzählen kannst! Unsere Worte haben Kraft! Sie können etwas bewegen und mit allem, was wir tun und sagen, beeinflussen wir die Menschen um uns herum entweder positiv oder negativ.

Wenn Paulus hier davon spricht, dass Timotheus allen Menschen ein Vorbild sein soll in seinem »Tun«, dann geht es ihm nicht darum, dass Timotheus durch gute Taten bei Gott Pluspunkte sammeln soll. Es geht Paulus um einen Lebensstil, der mit dem übereinstimmt, was er predigt! Reden und Tun müssen in deinem Leben übereinstimmen, damit du glaubwürdig bist! Jakobus sagt: Wenn dein Glaube keine Taten bewirkt, dann ist dein Glaube für die Katz (vgl. Jakobus 2,14-26). Wenn du versuchst ohne Glauben gute Taten zu tun, dann wirst du genauso auf die Nase fallen. »Reden und Tun« gehören immer zusammen und beides muss von unserem Glauben an Gott bestimmt sein! Sei den Menschen in deiner Umgebung ein Vorbild in deinem Reden und in deinem Tun.

TAG 1:
DIE MACHT DER WORTE

Bibeltext: Jakobus 3,1-12

Lies außerdem folgende Bibeltexte:
Sprüche 4,23; Sprüche 12,18;
Sprüche 16,24; Sprüche 17,28;
Epheser 4,29 und Matthäus 12,33-37!

Worte haben Macht! Jeder hat das wohl schon einmal erlebt: Da hat vor Jahren jemand etwas zu dir gesagt und das hat dich so tief getroffen, dass du es heute noch nicht vergessen hast. Ein Mitschüler hat dich in der Schule gehänselt und es hat dein Leben geprägt. Dabei waren es nur Worte. Doch Worte können so zerstörerisch sein! Doch auf der anderen Seite haben wir es auch alle schon einmal erlebt, wie gut es tun kann, wenn man Lob und Anerkennung bekommt.

Ein arabisches Sprichwort sagt: »Eine Wunde, von Worten geschlagen, ist schlimmer als eine Wunde, die das Schwert schlägt.«

Deswegen rät Paulus auch in Epheser 4,29-30 seinen Lesern: »Verzichtet auf schlechtes Gerede, sondern was ihr redet, soll für andere gut und aufbauend sein, damit sie im Glauben ermutigt werden. Achtet darauf, den Heiligen Geist nicht durch euer Verhalten zu betrüben.« Paulus sagt: Die Sache mit euren Worten ist eine ernste Angelegenheit. Ihr könnt mit eurem Verhalten, mit dem, was ihr sagt, sogar den Heiligen Geist beleidigen. Du beleidigst Gott selbst, wenn du mit giftigen Worten um dich wirfst! Dieses Wort »betrübt nicht« heißt im Griechischen tatsächlich »betrüben, in Trauer versetzen, beleidigen, kränken, erzürnen«! Das heißt, wir beleidigen tatsächlich den Heiligen Geist, Gott selbst, wenn giftige Worte über unsere Lippen kommen! Auch Jakobus sagt das ja sehr deutlich in Jakobus 3,8: »Sie (also unsere Zunge) ist ein unbeherrschbares Übel, voll von tödlichem Gift.« Unser Mundwerk kann also zu einem Instrument des Teufels werden, wenn wir unsere Worte nicht weise prüfen.

Deine Worte offenbaren dein Herz. Sie zeigen, was in dir steckt! Jesus macht den Vergleich mit einem Baum und seinen Früchten. Er sagt: An den Früchten eines Baumes könnt ihr erkennen, ob er krank oder gesund ist. Wenn ein Baum schlechte Früchte hervorbringt, dann weiß man, dass der ganze Baum krank ist und zu nichts mehr taugt. Deine Worte offenbaren, ob du ein guter oder ein schlechter Baum bist. Lies am besten gerade noch einmal, was Jesus in Matthäus 12,33-37 sagt.

Sprüche 17,28: »Selbst einen Narren hält man für weise, wenn er schweigt; solange er den Mund nicht aufmacht, scheint er klug zu sein.«

Die Bibel malt ein sehr krasses Bild, wenn sie den Umgang mit unseren Mitmenschen beschreibt. Sie sagt: Du kannst nicht sagen, ich liebe Gott und hasse meinen Mitmenschen. Das ist ein Widerspruch in sich! Unsere Liebe zu Gott zeigt sich im Umgang mit unseren Mitmenschen.

Und wir werden es nicht schaffen, unser Mundwerk zu kontrollieren. Wir können unsere Worte nur ändern, wenn wir den Ursprung – unser Herz – verändern! Die Quelle muss sich ändern, dann wird auch das Wasser süß sein, das aus ihr heraussprudelt. Der Baum muss sich von Grund auf ändern, dann werden auch andere Früchte an ihm wachsen. Wenn dein Herz rein ist, dann wird auch kein bitteres Wort herauskommen. Wir brauchen keine neue Zunge, wir brauchen ein neues Herz!

Zum Nachdenken

»Behüte dein Herz mit allem Fleiß, denn daraus quillt das Leben. Tu von dir die Falschheit des Mundes und sei kein Lästermaul« (Sprüche 4,23-24 – nach *Luther*).

TAG 2:
ENTGEGEN ALLEM VERSTAND

Bibeltext: Lukas 5,1-7

Der Fischer, von dem hier im Text die Rede ist, heißt Simon. Aber er hatte auch noch einen zweiten Namen, unter dem du ihn wahrscheinlich besser kennst, nämlich Petrus. Dieser Mann war bis jetzt immer so mit Jesus mitgetigert und war mal hier und mal da dabei. Im 4. Kapitel lesen wir, wie Jesus seine Schwiegermutter gesund gemacht hat. Hier flüchtet nun Jesus auf sein Boot, um von der Menschenmenge nicht zerquetscht zu werden.

Tja, nun sitzt Petrus da und muss sich die Predigten von Jesus anhören. Ich kann mir vorstellen, dass es ihm gar nicht so gut ging, denn er hatte die ganze Nacht gearbeitet und war bestimmt todmüde und dazu noch enttäuscht, weil er nix gefangen hatte. Am Ende der Predigt sagt Jesus zu ihm: Fahrt jetzt hinaus auf den See, und werft eure Netze aus! Der Zimmermann Jesus, der aus Nazaret im Bergland kommt, befiehlt dem langjährigen Fischermeister Petrus, der am See aufgewachsen ist, am hellen Tag auf den See zu fahren und die Netze auszuwerfen. Und das auch noch vor allen seinen Kollegen! Ausgerechnet an einem Tag, an dem er die ganze Nacht nichts gefangen hatte. Na ja, und wenn man schon tagsüber fischte, dann im seichten Wasser, aber doch nicht dort, wo es tief ist.

Aber der Knüller ist die Antwort von Petrus: »Aber wenn du es sagst, werde ich es noch einmal versuchen« (Vers 5). Das ist absoluter Gehorsam entgegen allem

Verstand! Und was passiert? Petrus erlebt das Wunder seines Lebens! Wärst du gehorsam gewesen? Oder hättest du erst einmal angefangen zu diskutieren und Jesus erklärt, dass es keinen Sinn macht, tagsüber zu fischen? Gott ist ein Gott, der allwissend und allmächtig ist und der uns liebt! Du kannst ihm vertrauen, dass er den nötigen Weitblick hat, und du kannst ihm blind gehorchen! Petrus hat erkannt, wer Jesus wirklich ist, schon bevor er das Wunder erlebt hat. Petrus spricht Jesus mit »Meister« oder auch »Herr« an. Das Wort, das hier verwendet wird, wird auch für militärische Befehlshaber und leitende Beamte verwendet. Er weiß, wer Jesus ist. Er ist sein Befehlshaber. Weißt du, wer Jesus ist? Glaubst du, dass er der Sohn Gottes ist, der alle Macht der Welt hat? Und weißt du, dass dieser Jesus in dir lebt, wenn er auch dein Befehlshaber ist? »Ich lebe, aber nicht mehr ich selbst, sondern Christus lebt in mir« (Galater 2,20).

Die Bibel sagt sogar, dass wir noch größere Taten tun werden als Jesus selbst (Johannes 14,12), weil dieselbe Kraft, mit der Jesus von den Toten auferstanden ist, heute noch in uns wohnt (siehe Epheser 1,20). Christsein kann man vergleichen mit einem einfachen Soldaten bei der Bundeswehr. Es ist absolut ratsam, das zu tun, was einem der Kommandant sagt. In Kriegssituationen kann es sogar lebensgefährlich sein, sich dem Befehl zu widersetzen.

Also, mein Tipp für heute: Gehorche Gott! Immer! Bedingungslos! Auch dann, wenn es unlogisch und entgegen unserem Verstand scheint, denn Gott weiß, was er tut! Die Geschichte in Lukas 5 geht auch noch weiter. Da steht: »Als Simon Petrus begriff, was da geschehen war, fiel er vor Jesus auf die Knie und sagte: ›Herr, kümmere dich nicht weiter um mich – ich bin ein zu großer Sünder, um bei dir zu sein.‹ Denn beim Anblick des überreichen Fangs hatte ihn Ehrfurcht erfasst, und den anderen ging es genauso. Auch Jakobus und Johannes, die Söhne des Zebedäus, waren voller Staunen. Jesus sagte zu Simon: ›Hab keine Angst! Von jetzt an wirst du Menschen fischen!‹ Und sobald sie am Ufer angelegt hatten, ließen sie alles zurück und folgten Jesus nach.«

Petrus erkennt nach diesem Wunder, dass Jesus Gottes Sohn sein muss, und das ruft gleich zwei Reaktionen bei ihm hervor. Er bekennt, dass er ein Sünder ist und es eigentlich nicht verdient hat, der Freund von Jesus zu sein. Und er zieht alle Register, verlässt alles und folgt Jesus nach! War ja nicht so, dass Petrus ein armer Fischerjunge war, der sowieso nix Besseres zu tun hatte. Fischer hatten damals kein schlechtes Einkommen, haben recht wohlhabend gelebt und hatten gute Zukunftsaussichten. All das verlässt er und folgt Jesus nach. Folgst du Jesus nach? Oder versuchst du, Jesus so in deinen Alltag einzubauen, dass er keinen Schaden anrichten kann? Bist du bereit, alles zu verlassen und ihm nachzufolgen? Das könnte bedeuten, alte Gewohnheiten aufzugeben und bereit zu sein, sich von Gott in sein Leben hineinreden zu lassen. Was könnte es in deinem Leben sein, das du aufgeben musst, um Jesus ganz nachfolgen zu können?

Zum Nachdenken

Was wäre wohl passiert, wenn Petrus
nicht rausgefahren wäre?
Könnte es sein, dass wir heutzutage so
wenig Wunder erleben, weil wir nicht so
absolut gehorsam sind, wie Petrus es war?
Warum sagt wohl Petrus zu Jesus: »Geh
weg von mir!«?
Gibt es Dinge in deinem Leben, die du
garantiert nicht tun würdest, auch wenn
Jesus dich darum bitten würde? Und warum? Bist du vielleicht ein »Besserwisser-
Christ«?

TAG 3:
GEIZ IST GEIL!?

Bibeltext: 2. Korinther 9,7

»Gott liebt den Menschen, der gerne gibt.« 2. Korinther 9,7b

Zu diesem Thema solltest du dir unbedingt mal folgende Bibelstellen genauer ansehen:

- 2. Korinther 9,6-15
- 5. Mose 15,7-11
- Sprüche 11,24-25
- Matthäus 5,40-42

Hauptsächlich soll es aber heute um den Text in Maleachi 3,10 gehen: »›Bringt den kompletten zehnten Teil eurer Ernte ins Vorratshaus, damit es in meinem Tempel genügend Nahrung gibt. Stellt mich doch damit auf die Probe‹, spricht der allmächtige Herr, ›ob ich nicht Fenster des Himmels für euch öffnen und euch mit unzähligen Segnungen überschütten werde!‹«

»Testet mich doch!« Es gibt nicht viele Verse in der Bibel, in denen Gott uns herausfordert, ihn doch mal auf die Probe zu stellen. Und in diesem Vers fordert uns Gott nicht nur heraus, sondern er gibt auch gleich noch ein Versprechen dazu: »... ob ich nicht Fenster des Himmels für euch öffnen und euch mit unzähligen Segnungen überschütten werde.« Wow! Ich kann mir nicht ganz vorstellen, was wohl passieren würde, wenn ich ganz radikal sagen würde: Herr, alles was ich habe, kommt von dir, und es gehört sowieso alles dir. Du kannst davon haben, so viel du willst! Was würde passieren, wenn wir Gott in diesem Punkt völlig vertrauen würden? Das Geld, das ich habe, ist ja eigentlich auch gar nicht »mein« Geld, denn mein ganzes Leben gehört Gott – und damit gehört ihm auch mein Geld! Gottes Ideen stellen oftmals unsere Vorstellungen auf den Kopf! Auch bei unserem Geld, unserer Zeit und unserer Kraft scheint es uns unlogisch, dass wir mehr davon haben, je mehr wir davon abgeben!

Als Gott uns erschuf, wusste er genau, was für Geizkragen und Egoisten wir einmal sein würden. Deshalb hat er es in seinem Wort unmissverständlich klargemacht, dass er möchte, dass wir ihn mit unserem Hab und Gut ehren: »Bringt das Beste von den ersten Erträgen der Ernte in das Haus des Herrn, eures Gottes« (2. Mose 23,19a).

Weißt du, warum Gott so viel Wert darauf legt? Weil er weiß, dass da, wo unsere Schätze sind, auch unser Herz dranhängt.

Ich möchte Gott wirklich mein Bestes abgeben und nicht nur die Überreste. Nicht nur das Geld, das am Monatsende noch übrig ist, nicht nur die Zeit im Alltag, zu der ich sowieso kaputt und unkonzentriert bin. In Maleachi 1,6-14 lesen wir davon, dass Gott Überreste nicht leiden kann. Ist ja auch gut verständlich. Oder was würdest du sagen, wenn dir jemand sagt, dass er dich unendlich liebt, dir aber dann immer nur die Überreste seiner Zeit, seiner Kraft und seines Geldes gibt? Ich möchte mein Geld, das ich in Gottes Königreich investiere, zu einer neuen Art Lobpreis machen und Gott damit Ehre bringen, ihm meine Liebe auch in meinen Finanzen erweisen. Ich möchte anfangen, so zu denken wie David, der gesagt hat: »Ich möchte dem Herrn, meinem Gott, keine Opfer darbringen, die mich nichts gekostet haben«

(2. Samuel 24,24). Eigentlich ist es ein ganz einfaches Gesetz: Der Mensch erntet, was er gesät hat (Galater 6,7), und »Ein Bauer, der nur wenig Samen aussät, wird auch nur eine kleine Ernte einbringen. Wer aber viel sät, wird auch viel ernten« (2. Korinther 9,6). Ich möchte sehen, was passiert, wenn Gott die Schleusen des Himmels öffnet. Vertraue ihm! Teste ihn!

 ## Zum Nachdenken

Wenn alles, was ich habe, Gott gehört, dann müsste die Frage eigentlich nicht heißen: »Wie viel soll ich geben?«, sondern: »Wie viel darf ich behalten?«

TAG 4:
AUFTANKEN!

Bibeltext: 1. Samuel 30

»David befand sich in einer sehr schwierigen Lage, denn seine Männer waren über den Verlust ihrer Frauen und Kinder so verbittert, dass sie schon davon redeten, ihn zu steinigen. Doch David fand neue Kraft im Vertrauen auf den Herrn, seinen Gott.«

Um die Geschichte verstehen zu können, musst du einmal das ganze Kapitel 30 in 1. Samuel lesen.

Das ist bitter! David kommt mit seinem Heer von einer Tour zurück und ist völlig platt. Als sie in ihr Lager kommen, stellen sie fest, dass Feinde ihre Stadt niedergebrannt und Frauen und Kinder verschleppt haben. David ist der Chef der Bande und es geht ihm richtig dreckig. Nicht nur, dass seine Frauen weg und seine Sachen niedergebrannt sind. Nein, zu allem Übel wollen die eigenen Männer auch noch ihre Wut an ihm auslassen und ihn steinigen! Wenn wir die Psalmen lesen, die David geschrieben hat, merken wir, aus welchem Holz er geschnitzt war. »Du bist meine Stärke, ich vertraue darauf, dass du mich rettest, denn du bist meine Zuflucht, Gott. Denn du beschützt mich wie eine Burg, eine Zuflucht, wenn ich in Not bin« (siehe Psalm 59,10+17b). David tut das einzig Richtige in dieser Situation. Er sucht Schutz bei Gott und tankt bei ihm auf. Ich hätte wahrscheinlich erst einmal versucht, mir eine

»To-do«-Liste zu machen und zu überlegen, wie man jetzt taktisch vorgeht. Aber David wendet sich direkt an Gott. Und inmitten dieser Tragödie, dieser Trostlosigkeit, findet er bei Gott neuen Mut und neue Kraft. Vielleicht steckst du auch inmitten einer Tragödie. An wen wendest du dich?

Ähnlich wie David ging es einer anderen Frau im Alten Testament. Ihr Name war Hanna (nachzulesen in 1. Samuel 1). Sie war kinderlos und hatte ein echtes Problem damit, weil man deshalb immer auf ihr rumhackte. Einmal im Jahr ging die ganze Familie zum Tempel und dort eskalierte das Familienleben regelmäßig, weil die Nebenfrau Peninna Hanna wegen ihrer Kinderlosigkeit fertigmachte. Hanna ging in den Tempel und suchte Zuflucht bei Gott. Unter Tränen legte sie Gott alles hin. Doch als Hanna den Tempel wieder verließ, wird Folgendes in Vers 18 berichtet: »Sie fing wieder an zu essen und sie war nicht mehr traurig.« An ihrer Situation hatte sich überhaupt nichts geändert, sie steckte immer noch im gleichen Schlamassel. Aber sie wusste, dass Gott ihr beisteht. Allein dieses Wissen schenkte ihr neue Kraft. Sie hatte immer noch keine Kinder, aber sie war in Gottes Gegenwart gewesen und hatte bei ihm Zuflucht gesucht. Allein das hat ihr Herz wieder froh gemacht. Versuche, in schweren Zeiten die Zuflucht nicht im Alkohol, beim Fernseher oder der Freundin zu finden, sondern wende dich an Gott! Auch Jesus zeigt uns, wie er in den schwersten Stunden seines Lebens gelebt hat. Im Garten Getsemane, kurz vor seinem Tod, nimmt er sich ausgiebig Zeit, um mit Gott zu reden und Kraft zu tanken, um all das ertragen zu können, was noch kommen würde. Wenn also selbst Jesus diese Zeit mit Gott brauchte, wie viel mehr haben wir es nötig!

Zum Nachdenken

Wie könnte es praktisch aussehen, »bei
Gott Zuflucht« zu suchen?
Was macht man, wenn man nicht mal mehr
die Kraft hat, sich an Gott zu wenden?
David hatte es als Leiter seiner Truppe
nicht leicht. Wie gehst du mit den Leitern
in deinem Leben um? Respektierst du sie
oder machst du ihnen das Leben schwer?

TAG 5:
EIN SCHWACHER MENSCH WIE WIR?

Bibeltext: Jakobus 5,16-18

»Bekennt einander eure Schuld und betet füreinander, damit ihr geheilt werdet. Das Gebet eines gerechten Menschen hat große Macht und kann viel bewirken. Elia war ein Mensch wie wir, doch als er darum betete, dass kein Regen fallen sollte, regnete es dreieinhalb Jahre nicht auf der Erde! Darum betete er um Regen, und es regnete vom Himmel. Das Gras wurde grün, und die Erde brachte wieder Früchte hervor.«

»Und Elia aus Tischbe in Gilead sagte zu Ahab: ›So wahr der Herr, der Gott Israels, lebt – der Gott, dem ich diene: Die nächsten Jahre wird weder Tau noch Regen fallen, es sei denn, ich ordne es an!‹« (1. Könige 17,1).

Wenn du diese spannende Story aus dem 9. Jahrhundert v. Chr. ganz lesen willst, dann lies am besten mal von 1. Könige 16,29 bis 1. Könige 18,46.

Die Vorgeschichte zu den Versen heute ist folgende: Ahab hieß der König, der zu dieser Zeit in Israel regierte. Er war einer von der ganz üblen Sorte. Er heiratete eine Frau aus einem fremden Volk namens Isebel, betete ihre Götzen an und »tat, was dem Herrn missfiel« (1. Könige 16,30). Daraufhin trat Elia auf und sagte: So kann es nicht weitergehen! Elia kannte seine Bibel, die bis dahin noch sehr dünn war, sehr gut. Und er wusste, was König Salomo nur wenige Jahre zuvor in 2. Chronik 6,26-27 gesagt hatte: »Wenn der Himmel verschlossen bleibt und kein Regen fällt, weil dein Volk gegen dich gesündigt hat, und wenn das Volk dann zu diesem Haus gewandt betet und deinen Namen anruft und sich von seiner Sünde abwendet, weil du es bestraft hast, dann höre es im Himmel und vergib deinen Dienern, den Israeliten, ihre Sünde. Zeig ihnen, wie sie nach deinem Willen leben können, und lass es regnen auf dein Land, das du deinem Volk als Erbe anvertraut hast.«

Das Erste, was Elia uns hier zeigt, ist, dass wir lernen müssen, »im Willen Gottes« zu beten. Elia kannte den Willen Gottes (dass er es nicht regnen lassen würde, wenn die Leute sündigen) und alles, was er tat, war, Gott zu bitten, dass sein Wille geschehe (das kennen wir auch aus dem »Vaterunser«). Wenn wir beten, müssen wir uns fragen: Was möchte Gott tun? Und dann müssen wir nur beten, dass sein Wille geschehe. Das Tolle an Elia ist, dass Jakobus über ihn schreibt: »Elia war ein Mensch wie wir.« Das macht mir Mut. Ich kann mich auch gut mit dem Dorf identifizieren, aus dem er kam. Tischbe, dieses Dorf, kann damals nicht viel mehr als eine Handvoll Häuser gewesen sein. Aber Elia wusste, dass Gebet weltweit funktioniert – auch dann, wenn man in einem Kuhdorf wohnt. Und: Elia wusste, wer er war. Sein Name bedeutet so viel wie: »Mein Gott ist der Herr.« Um ein Gebetskämpfer zu sein wie Elia, musst du nicht in eine große bekannte Gemeinde gehen oder mindestens zwei Seminare pro Monat besuchen. Die Kraft des Gebets steht dir auch »im hinterletzten Dorf« zur Verfügung, wenn du auf deine Knie gehst und es ernst meinst!

Noch etwas sehr Wichtiges, das Elias Gebet auszeichnet: Er war bereit, nicht nur zu beten, sondern er war auch bereit, ein Teil der Gebetserhörung zu werden. Ihn traf die Hungersnot schließlich genauso wie alle anderen im Land. Und er war sogar mutig genug, zu dem damaligen Bundeskanzler zu gehen und ihm zu sagen, dass er dafür gebetet hätte, dass es nicht mehr regnet, weil der Bundeskanzler Schuld auf sich geladen hatte.

Bist du bereit, auch ein Teil der Gebetserhörung zu werden? Wenn du dafür betest, dass andere in deiner Familie auch Jesus kennenlernen, bist du dann auch bereit, derjenige zu sein, der ihnen von Jesus erzählt? Gebet ohne anschließenden Gehorsam bewirkt nicht viel.

Zum Nachdenken

Wir sollen also »in Gottes Willen« beten. Aber was genau ist denn Gottes Wille? Mach dir einmal eine Liste mit den Dingen, die Gott gern in deinem Umfeld tun würde. Und dann bete: »Dein Wille geschehe.« In Jakobus 5 lesen wir in manchen Übersetzungen über Elia: »...und er betete ernstlich, dass es nicht regnen möge...« Wie ernst muss man wohl beten, bis Gott das Gebet erhört? Und wie oft? Reicht einmal? Muss man manchmal vielleicht fasten und beten?

TAG 6:
NIX TUN IST SÜNDE

Bibeltext: Jakobus 4,17

»Im Übrigen gilt: Wer die Zeit und die Mittel hat, Gutes zu tun, und es nicht tut, macht sich schuldig.« Jakobus 4,17 (GNB)

»Wer das Gute kennt und es nicht tut, der macht sich schuldig.« Jakobus 4,17

Geht es dir manchmal auch wie mir? Du siehst ganz viel »Gutes«, was unbedingt getan werden müsste! So viel, dass man gar nicht weiß, wo man anfangen soll. Es gibt so viele Menschen um uns herum, denen es nicht gut geht, denen man helfen könnte. Aber ich schaffe es nicht, all das Gute zu tun, was ich gern tun würde. Die Nöte dieser Welt sind einfach viel zu groß. Sagt dieser Vers jetzt etwa, dass ich sündige, wenn ich es nicht schaffe, all das Gute zu tun? Nein, ich glaube, es geht hier vielmehr darum, zu lernen, auf Gottes Stimme zu hören und ihm gehorsam zu sein.

Wie hat Jesus das denn gemacht? Auch er hat nicht alle Menschen geheilt, die ihm begegnet sind. Nehmen wir das Beispiel, als er am Teich Betesda einen Mann gesund gemacht hat, der schon 38 Jahre krank war (siehe Johannes 5,1-9). Da steht, dass dort ganz viele Kranke lagen, aber nur einen von denen hat Jesus gesund gemacht. Jesus hat gesagt: Ich tue nur das, was mir mein Vater sagt, das ich tun soll (siehe Johannes 5,19). Es geht also nicht darum, jedem helfen zu müssen, sondern auf Gottes Stimme zu hören und das Gute zu tun, das er für uns vorbereitet hat (Epheser 2,8).

Wichtig ist also, gehorsam zu sein. Wenn Gott dir etwas zeigt, wo du Gutes tun kannst, und du sagst: »Ne, ich hab grad keine Zeit!« oder: »Das lässt mein Stolz nicht zu!«, dann, glaube ich, wird Gott dich eines Tages mal fragen, warum du so egoistisch warst (Lukas 12,47). »Keine Zeit!« ist die wohl am häufigsten gebrauchte Ausrede. Und genau darum geht es auch in dem Abschnitt, in dem unser Vers heute steht: Zeiteinteilung. Die Leute, die Jakobus hier kritisiert, haben ihr Leben verplant, ohne Gott mitbestimmen zu lassen. Bist du bereit, deinen Terminkalender über den Haufen zu werfen, wenn du Gottes Reden hörst und er dich ruft, etwas Gutes zu tun? Darf Gott bei deiner Terminplanung mitbestimmen? Auch in der Geschichte über den barmherzigen Samariter gab es so einen Helden, der einfach an einem halb totgeschlagenen Mann vorbeiging. Vielleicht war sein Grund auch »keine Zeit«. Unterbrichst du deinen Tagesablauf, wenn du »halb Tote« siehst? Viele von uns haben schon viel aus der Bibel gehört. Die Frage ist: Was machst du mit deinem Wissen aus der Bibel über das Dienen, die Nächstenliebe, die Hilfe für die Armen, den Schutz für die Unterdrückten?

Jakobus schreibt gleich in seinem ersten Kapitel einen wichtigen Vers, über den du heute mal nachdenken kannst: »Aber es reicht nicht, nur auf die Botschaft zu hören – ihr müsst auch danach handeln!« (Jakobus 1,22).

Zum Nachdenken

Wie könnte es praktisch aussehen, wenn du Gott bei deiner Terminplanung mit einbeziehst?

Hat dir Gott vielleicht schon einmal etwas gezeigt, was du tun solltest, und du hattest 1000 Ausreden? Vielleicht ist es jetzt Zeit, gehorsam zu sein.

Kann es sein, dass du eines Tages vor Gott nicht nur deine Taten verantworten musst, sondern vielleicht auch das, was du nicht getan hast?

Lies mal noch die Verse 13-16, die vor unserem Vers stehen. Was für einen Zusammenhang könnte es zwischen den Versen geben?

TAG 7:
GOTT BRAUCHT KEINE HELDEN!

Bibeltext: 2. Korinther 12,7-10

Ich bin ein kleiner Held! Gott kann schon ein bisschen stolz auf mich sein! Wir geben es nicht gerne zu, aber heimlich denken wir manchmal so. Ohne uns würde gar nichts gehen! Wir sind Helden! Vor einiger Zeit merkte ich, dass dieses Vertrauen auf meine eigene Kraft, der Stolz auf mein »ach so gutes Leben« verkehrt ist! Gott braucht keine Helden! Er braucht mich nicht und er braucht auch dich nicht! Er ist Gott! Er könnte alle Probleme dieser Welt auch ohne uns lösen! Gott braucht und will keine Helden. Ganz im Gegenteil sucht er nach Leuten, die sagen: Ich will mich zurücknehmen und du, Gott, sollst größer werden in meinem Leben (Johannes 3,30). Mein »Heldsein« ist gestorben und du lebst jetzt in mir (Galater 2,20). Alles, was ich tue, will ich aus deiner Kraft tun und nicht aus meiner (Johannes 15,5)!

Nach solchen Leuten sucht Gott. Menschen, die sich vor ihm demütigen: »Deshalb beugt euch demütig unter die Hand Gottes, dann wird er euch ehren, wenn die Zeit dafür gekommen ist« (1. Petrus 5,6).

Paulus hat genau das in seinem Leben auch erlebt! Er war ein mega-erfolgreicher Typ. Aber es gab eine Sache, die hat ihn wohl in seinem »Heldsein« eingeschränkt und ihn immer wieder an seine Grenzen gebracht. Lies dazu einmal folgenden Text: 2. Korinther 12,7-10!

Das heißt also, dass Gott mich viel mehr gebrauchen kann, wenn ich schwach bin und nicht auf meine eigene Kraft vertraue! Ich habe einmal ein Lied geschrieben, in dem es eine Zeile gibt, die heißt: »Wenn ich an meine Grenzen komm, wartest du dort schon auf mich …« Genau dort können wir Gott erleben. Wenn wir schwach sind! Wenn wir an unsere Grenzen kommen. Wenn wir Gnade nötig haben. Gnade ist ein komisches Wort, das heutzutage nicht mehr unbedingt in jeder Jugendzeitschrift zu finden ist. Gnade heißt einfach so viel wie: etwas zu bekommen, was man eigentlich nicht verdient hat (wie z. B. ein zum Tode Verurteilter, der begnadigt wird). Das Gegenstück zu Gnade ist die Verurteilung: Das zu bekommen, was man verdient hat. Dem Gesetz nach hätten wir vor Gott alle keine Chance. Nicht eine einzige! Wer schafft es schon, sich an alles zu halten, was in der Bibel steht! Aber Gottes Gnade ist größer als das Gesetz und gilt für jeden, der diese in Anspruch nehmen möchte: »Wer aber barmherzig war, wird auch vor dem Gericht Gottes bestehen« (Jakobus 2,13).

Und Gott sagt an dieser Stelle zu Paulus: Häng dich an diese Gnade – sie ist stark genug! Ich finde es unheimlich tröstend und Mut machend, dass Gott nach »Nicht-Helden« sucht und genau diese gebrauchen möchte. Es ist keine Entschuldigung, wenn wir uns schwach und hilflos oder überfordert fühlen, sondern gerade dann möchte Gott uns benutzen und in unserer Schwachheit stark sein. Nur dann werden die Menschen um uns herum die Herrlichkeit Gottes in uns sehen. Erst dann wird der Schatz sichtbar, der in solch einem zerbrechlichen Gefäß aufbewahrt wird: »Doch diesen kostbaren Schatz tragen wir in unseren zerbrechlichen Gefäßen, nämlich in unseren schwachen Körpern. So kann jeder sehen, dass unsere Kraft ganz von Gott kommt und nicht unsere eigene ist« (2. Korinther 4,7)!

Zum Nachdenken

Danke Gott für deine Schwachpunkte,
denn gerade in deiner Schwachheit möchte
Gott stark sein!

TAG 8:
SCHWERE ARTILLERIE

Bibeltext: Josua 5,13 – 6,16.20

Die meisten haben diese Story schon mal gehört. Es ist fast wie in einem Film. Das Volk Israel soll das ihm von Gott verheißene Land einnehmen. Steht nun vor Jericho und ist absolut planlos, wie das gehen soll. Archäologen haben Ausgrabungen gemacht, anhand derer man sich ein bisschen vorstellen kann, was für eine Stadt Jericho gewesen ist. Die gesamte Stadt war von einer doppelten Mauer umgeben. Die konnte man nicht so eben mal umstoßen. Wenn die Tore verriegelt waren, gab es keine Chance, in die Stadt zu kommen. In der Stadt selbst gab es riesige Getreidespeicher und eigene Quellen, um bei Belagerungen jahrelang überleben zu können.

Josua ist der Anführer der Israeliten, die diese Stadt einnehmen sollen. Und was tut er? Er geht spazieren und trifft dabei auf einen Mann, der einfach so mit einem Schwert in der Hand da steht. Die meisten Bibelausleger gehen davon aus, dass Jesus selbst, der Herr aller Heerscharen, hier vor ihm steht. Denn wäre es ein Engel gewesen, dann hätte dieser Josua nie erlaubt, ihn anzubeten. Aber dieser Mann befiehlt ihm sogar, ihn anzubeten. Jesus selbst also kreuzt hier auf, um Josua einen Tipp zu geben, wie er die Stadt einnehmen kann. Fällt dir etwas auf? Josua nimmt sich Zeit, um auf Gott zu hören, wo es doch eigentlich genug zu tun gäbe. Als Führer hätte er Pläne schmieden sollen, Truppen ausbilden usw. Josua aber nimmt sich Zeit, um auf das zu hören, was Gott tun möchte. Und Gott gibt ihm einen Plan, der so verrückt ist, dass ich mich kaum trauen würde, so etwas vorzuschlagen. Aber Josua ist gehorsam und Gottes Plan geht auf!

Was können wir davon lernen? Erstens: das Wichtigste in schwierigen Situationen ist immer das Gebet. Gott kennt immer die besten Lösungswege. Auch die größten Hindernisse kann er niederreißen. Wenn wir ihn an die erste Stelle setzen, wird er für uns kämpfen. Und zweitens: Gehorsam. Wenn wir Gottes Power sehen wollen, dann müssen wir auch gehorsam sein und tun, was er sagt!

 ## Zum Nachdenken

Was glaubst du: Warum musste das Volk insgesamt 13-mal um die Stadtmauer ziehen? Hatte das irgendeinen pädagogischen Sinn?

TAG 9:
SCHWARZ ODER WEISS

Bibeltext: 1. Könige 18,20-21

»Da schickte Ahab Boten zu allen Israeliten und rief die Propheten auf dem Berg Karmel zusammen. Elia stellte sich vor das Volk und sagte: ›Wie lange wollt ihr noch hin- und herschwanken? Wenn der Herr Gott ist, folgt ihm! Wenn aber Baal Gott ist, dann folgt ihm!‹«
1. Könige 18,20-21

»Niemand kann zwei Herren dienen.«
Matthäus 6,24

Als ich diesen Vers las, musste ich an einen Satz denken, den ich vor langer Zeit einmal gehört hatte, als es um radikales Christsein ging. Er lautet: »Sei ganz sein, oder lass es ganz sein.« Genau das Gleiche schlägt Elia hier den Israeliten vor, die sich mal wieder den Göttern zugewandt hatten und nicht mehr Gott verehrten. Anscheinend war das Volk hin- und hergeschwankt, von Gott zu Baal (ein Götze aus der damaligen Zeit) und von Baal zu Gott. Ich glaube, es gibt viele Christen in unseren Gemeinden, denen es genauso geht. Sie kommen sonntags in die Gemeinde und wollen ihren geistlichen Input haben, damit sie sich besser fühlen. Aber den Rest ihres Lebens leben sie für sich und ihre eigenen Träume.

Was sagt die Bibel zu so einem Lebensstil? In der Offenbarung z. B. finden wir eine Stelle, in der Gott zu einer der Gemeinden sagt, dass er ihren Lebensstil im wahrsten

Sinne des Wortes »zum Kotzen« findet: »Ich weiß alles, was du tust und dass du weder heiß noch kalt bist. Ich wünschte, du wärest entweder das eine oder das andere! Aber da du wie lauwarmes Wasser bist, werde ich dich aus meinem Mund ausspucken!« (Offenbarung 3,15-16).

Das sind harte Worte. Was Gott uns in seinem Wort mitteilen möchte, ist, dass wir uns entscheiden müssen. Entweder ganz für ihn oder ganz gegen ihn. Gott kann halbe Sachen nicht leiden. Auch Jesus bekräftigt das in der berühmten Bergpredigt: »Niemand kann zwei Herren dienen. Immer wird er den einen hassen und den anderen lieben oder dem einen treu ergeben sein und den anderen verabscheuen« (Matthäus 6,24). Jesus stellt hier einen hohen Absolutheitsanspruch. Nicht, weil er machtgeil ist oder dich kontrollieren will, sondern weil er es weiß: Wenn du versuchst, mit dem einen Bein in »der Welt« zu stehen und mit dem anderen in Gottes Reich, dann wird dich das zerreißen. Er weiß: Wenn du versuchst, auf beiden Seiten der Schlacht zu stehen, dann stehst du genau zwischen den Fronten und das wird tödlich enden.

Wie sieht es in deinem Leben aus? Ist Jesus absolut und unumstritten die Nummer 1 in deinem Leben? Liebst du ihn noch genauso wie damals, als du ihn zum Chef deines Lebens gemacht hast? Die Bibel sagt: »Du sollst den Herrn, deinen Gott, lieben, von ganzem Herzen, mit ganzer Seele und mit all deinen Gedanken! Das ist das erste und wichtigste Gebot« (Matthäus 22,37).

Zum Nachdenken

Sag Gott heute noch mal ganz neu, wie
sehr du ihn liebst, und dass du ihm mit
ungeteiltem Herzen dienen möchtest. Er
freut sich, das zu hören! Und er wird dir
auch die Kraft geben, radikal und entschie-
den für ihn zu leben. »Denn Gott bewirkt
in euch den Wunsch, ihm zu gehorchen,
und er gibt euch auch die Kraft zu tun, was
ihm Freude macht« (Philipper 2,13).

TAG 10:
DUMME SCHAFE?

Bibeltext: Johannes 10,1-6

Lies zusätzlich auch noch:
Psalm 23,1; 1. Samuel 17,34-37;
Matthäus 4,1-11 und
Johannes 10,7-21

Wenn du 1. Samuel 17,34-37 gelesen hast, dann hast du einen kleinen Einblick bekommen, wie das Hirtenleben damals so aussah. Die Hirten haben manchmal ihr Leben riskiert, um ihre Schafe zu beschützen. Und Jesus sagt: »Ich bin der gute Hirte. Der gute Hirte opfert sein Leben für die Schafe« (Vers 11). Ist das nicht toll? So einen wunderbaren Gott haben wir. Ihm können wir echt vertrauen.

Um besser zu verstehen, was Jesus hier erzählt, müssen wir zuerst einmal etwas mehr über die Hirten wissen. Meistens war es so, dass mehrere Hirten gemeinsam einen großen Stall irgendwo in der Pampa hatten, der mit einer Mauer umzäunt war und nur eine Tür hatte. Da kamen dann die Schafe alle über Nacht rein und ein Hirte hielt Wache, damit keine Räuber die Schafe klauten und auch keine wilden Tiere die Schafe verspeisen konnten. Meist schlief dieser Hirte sogar in dieser Türe, sodass niemand unbemerkt rein- und rauskommen konnte.

Wenn wir weiterlesen, lesen wir, dass Jesus sagt: »Ich bin die Tür.« Er ist also der gute Hirte, der in der Türe sitzt und auf seine Schafe aufpasst. Jesus sagt also: Es gibt nur einen Weg in den »Schafstall«, und das bin ich.

In Johannes 14,6 sagt Jesus eindeutig: Es gibt nur einen Weg in den Himmel: Ihr müsst an mich glauben. Jeder, der auf einem anderen Weg versucht in den »Schafstall« zu kommen, ist ein »Räuber«!

Das Faszinierende bei Schafen ist, dass sie die Stimme ihres Hirten kennen. Mein Opa z. B. hatte früher noch ganz viele Schafe, und das war immer ein Umstand, bis die abends im Stall waren. Denn diese Schafe hörten wirklich nur auf seine Stimme, und immer wenn wir Kinder dabei sein wollten, liefen sie wieder weg. Da früher also mehrere Hirten ihre Schafe zusammen hüteten, musste jedes Schaf die Stimme seines Hirten kennen, um zu wissen, wem es folgen sollte.

Jetzt die Frage an dich: Kennst du die Stimme deines »Hirten« so gut, dass du sie von anderen unterscheiden kannst? Kennst du Gottes Stimme? Weißt du, welches deine eigenen Gedanken sind oder was »Gottes Stimme« ist? Wenn wir seine Stimme nicht gut kennen, dann kann es passieren, dass wir dem falschen Hirten folgen.

Mal übertragen auf heute könnte man das auch mit der Stimme seines Vaters vergleichen. Ich könnte die Stimme meines Papis aus Hunderten von Stimmen raushören, weil ich meinen Papi einfach gut kenne. Genau so sollte es mit uns und unserem himmlischen Vater sein. Es ist superwichtig, dass wir seine Stimme kennen und dass wir sein Wort, die Bibel, gut kennen. Denn manchmal hat Satan fiese Taktiken. In Matthäus 4,1-11 lesen wir, dass Satan sogar mit Bibelversen um sich schmeißen kann. Oft ist es also nicht leicht, zu unterscheiden, welches nun die Stimme des guten Hirten ist.

> Kennst du die Stimme deines »Hirten« so gut, dass du sie von anderen unterscheiden kannst?

Zum Nachdenken

Wie kann man denn bei all den vielen Stimmen in unserem Kopf unterscheiden, was unsere verrückten Gedanken sind und was vielleicht Gottes Stimme sein könnte?

SEI EIN VORBILD IN DEINER LIEBE

> »Niemand soll dich gering schätzen, nur weil du jung bist. Sei allen Gläubigen ein Vorbild in dem, was du *lehrst*, wie du *lebst*, in der *Liebe*, im *Glauben* und in der *Reinheit*.«
> 1. Timotheus 4,12

Vor einigen Jahren habe ich auf einer Reise durch die USA ein paar Tage die große Glücksstadt Las Vegas besucht! Es ist eine unglaublich gigantische Stadt, die da mitten in der Wüste gebaut wurde! Und da Las Vegas ja die Stadt des Glücksspiels ist, konnte ich es mir nicht verkneifen, wenigstens auch einmal mein Glück zu versuchen.

Währenddem ich vor dem Spielautomaten stand und meine 50 Cent behutsam oben einwarf, spielte sich in meinem Kopf ein ganzer Kinofilm ab. Was, wenn ich den Hebel ziehe und auf einmal öffnen sich die Schleusen über mir und es kommt so viel Geld raus, dass ich es nicht tragen kann? Was, wenn das Spielwunder geschieht und ich auf einen Schlag reich bin? Was, wenn ich mir alles leisten könnte?

Jeder träumt seine Träume. Was, wenn ich auf einmal wahnsinnig schlau wäre oder endlich 20 Kilo weniger hätte? Wenn ich endlich einen besser bezahlten Job hätte, wenn ich mit meiner Traumfrau zusammen sein könnte, wenn ich das Rauchen aufhören oder ich endlich das Auto mit den 180 PS fahren könnte? Manche träumen vielleicht sogar recht christliche Träume: Was wäre, wenn ich endlich diese oder jene Geistesgabe hätte? Wenn ich

100 000 Euro spenden könnte oder mein Glaube groß genug wäre, um Berge zu versetzten?

»Wenn ich in den Sprachen der Welt oder mit Engelszungen reden könnte, aber keine Liebe hätte, wäre mein Reden nur sinnloser Lärm wie ein dröhnender Gong oder eine klingende Schelle. Wenn ich die Gabe der Prophetie hätte und wüsste alle Geheimnisse und hätte jede Erkenntnis und wenn ich einen Glauben hätte, der Berge versetzen könnte, aber keine Liebe hätte, so wäre ich nichts. Wenn ich alles, was ich besitze, den Armen geben und sogar meinen Körper opfern würde, damit ich geehrt würde, aber keine Liebe hätte, wäre alles wertlos.«

Paulus bringt es in 1. Korinther 13,1-3 auf den Punkt: Ob du in Las Vegas ein Vermögen gewinnst oder dein Glaube so stark ist, dass du Tote auferwecken kannst – ohne Liebe hilft das gar nichts! In 1. Timotheus 4,12 ermutigt Paulus seinen Freund und Mitarbeiter Timotheus, anderen Menschen ein Vorbild darin zu sein, wie er liebt. Das Wort, das hier im Griechischen für »Liebe« benutzt wird, ist die gleiche Liebe, mit der Gott die Welt liebt! Seine Liebe für die Welt ist bedingungslos und rückhaltlos, treu und unerschütterlich. Paulus sagt zu Timotheus: Sei ein Vorbild darin, wie du liebst, und liebe so, wie Gott diese Welt liebt!

Die Liebe ist das Größte und Wichtigste in unserem Christsein. Sie sollte das Markenzeichen sein, an dem man uns erkennen kann. Und deshalb wird es in den nächsten Tagen viel darum gehen, wie wir andere Menschen lieben können und wie unsere Liebesbeziehung mit Gott wachsen kann. Denn wir können nur Liebe verschenken, wenn wir selbst auch Liebe empfangen haben. Wir müssen zuerst erfahren, wie sehr wir von Gott geliebt sind, bevor wir ein großes Herz für unsere Mitmenschen bekommen! Johannes fasst es kurz und knapp zusammen:

»Liebe Freunde, weil Gott uns so sehr geliebt hat, sollen wir auch einander lieben … Wir wollen lieben, weil er uns zuerst geliebt hat« (1. Johannes 4,11.19).

Das klingt doch eigentlich total einfach und logisch. Und trotzdem ist es oft das Schwerste. Aber das Gute ist, dass die Liebe etwas ist, was von ganz alleine wächst, wenn wir mit Gott verbunden sind. Wir müssen nicht aus eigener Kraft lieben, sondern: »Wenn dagegen der Heilige Geist unser Leben beherrscht, wird er ganz andere Frucht in uns wachsen lassen: Liebe, Freude, Frieden, Geduld, Freundlichkeit, Güte, Treue, Sanftmut und Selbstbeherrschung« (Galater 5,22-23).

Und mein großer Traum von Las Vegas? Ich warf die 50 Cent ein, drückte den Knopf und … es passierte nichts! Der Traum vom großen Glück war schnell vorbei. »Glaube, Hoffnung und Liebe, diese drei bleiben. Aber am größten ist die Liebe« (1. Korinther 13,13).

TAG 11:
GOTT GEHT ZU BODEN

Bibeltext: Johannes 13,1-18

Jesus war einer der ganz radikalen Sorte! Sein gesellschaftlicher Status war ihm egal und er bricht sämtliche kulturellen Gesetze, um den Menschen zu beweisen, wie sehr er sie liebt! Ein Rabbi – also ein Lehrer, wie Jesus es war, hätte damals nie irgendjemandem die Füße gewaschen. Im Gegenteil: Wenn er zu Gast war, dann wurde erwartet, dass der Gastgeber ihm die Füße wäscht (lies dazu auch mal die Geschichte in Lukas 7,36-50).

> Der Schöpfer des Universums fängt an, Füße zu waschen! Gott selbst geht zu Boden. Er kommt auf diese Erde, um uns ein Vorbild zu geben!

Aber Jesus wusste, wer er war (Vers 3). Er wusste, dass er Gottes Sohn war und dass Gott alles in seine Hände gegeben hatte. Trotzdem sieht er sich selbst nicht als King, sondern als Diener. Einer, der sich nicht zu fein ist, seinen eigenen Schülern die Füße zu waschen. Und im Gegensatz zu heute waren die Füße wirklich dreckig! Da gab es noch keine tollen atmungsaktiven Turnschuhe! Da lief man den ganzen Tag mit Sandalen durch den Staub, Pferdemist und Hühnerdreck.

Und Jesus sagt: »Ich habe euch ein Beispiel gegeben, dem ihr folgen sollt. Tut, was ich für euch getan habe« (Vers 15). Es ist ganz einfach, sagt er, macht es einfach genau so wie ich! Ich glaube, das Geheimnis liegt darin, zu wissen, wer wir sind. Jesus wusste, dass er Gottes Sohn war, und er konnte seine Mitmenschen mit Gottes Augen sehen und sie lieben, wie Gott sie liebt! Aus eigener Kraft können wir unseren Mitmenschen nie so radikal dienen. Aber wenn wir Gottes Liebe erleben, wenn wir seine Barmherzigkeit, sein großes Herz kennenlernen, dann können wir mit dieser Liebe von Herzen dienen! Das Krasse an der Geschichte ist, dass Jesus nicht mal eben einen guten Tag hatte und in irgendeinem Höhenflug angefangen hat, Füße zu waschen. Nein. Jesus wusste, was kommen würde (Vers 1). Er wusste, dass seine Stunden gezählt waren! Was würdest du machen, wenn du wüsstest, dass deine Zeit abläuft, dass es nur noch wenige Tage wären? Würdest du ernsthaft anfangen, anderen die Füße zu waschen?

Noch krasser ist es, dass Jesus wusste, dass Judas ihn verraten würde. Für Geld. Für gar nicht so viel Geld. Er würde dafür sorgen, dass Jesus hingerichtet wird! Trotzdem wäscht Jesus ihm die Füße! Wie muss sich das erst für Judas angefühlt haben! Jesus, den er umbringen wollte, der wäscht ihm die Füße und tut ihm Gutes! Jesus hat nicht nur fromme Reden gehalten zum Thema »Liebe deine Feinde!«, sondern er hat es praktiziert!

Was bedeutet es, ein Diener zu sein und sowohl meinen Freunden als auch meinen Feinden die Füße zu waschen? Lass dich nicht von gesellschaftlichen, moralischen Vorstellungen aufhalten! Kein Mensch ist besser als ein anderer. Sag deinem Stolz den Kampf an und diene ganz bewusst deinen Mitmenschen! Modernes Füße waschen könnte z. B. sein: Hausaufgabenhilfe, Zeit verbringen mit den Außenseitern deiner Klasse, deine »Feinde« mal auf einen Döner einladen oder mit den Unsportlichen in deiner Klasse eine Runde zu kicken!

Jesus hat uns ein Beispiel gegeben, damit wir es genau so tun!

 ## Zum Nachdenken

Überlege dir noch ein paar ganz praktische Dinge, wie du anderen heute die »Füße waschen« kannst.

TAG 12:
LIEBE DEINEN NÄCHSTEN

Bibeltext: Matthäus 25,31-46

Ich frage mich oft: Was ist eigentlich das Wichtigste beim Glauben? Was ist der Kern? Worauf muss ich besonders achten? Ist es das Gebet? Ist es die Kopftuch-Frage, Geistesgaben, die Endzeitlehre, Stille Zeit, Umgang mit Stolz? Anderen zu dienen, oder ist es Vergebung…? Was ist wirklich wichtig, worauf kommt es an?

Die gleiche Frage hatten die Leute damals auch schon und sie haben Jesus gefragt, was er denkt, was wichtig ist. Und die Antwort von Jesus war: »›Du sollst den Herrn, deinen Gott, lieben, von ganzem Herzen, mit ganzer Seele und mit all deinen Gedanken!‹ Das ist das erste und wichtigste Gebot. Ein weiteres ist genauso wichtig: ›Liebe deinen Nächsten wie dich selbst.‹ Alle anderen Gebote und alle Forderungen der Propheten gründen sich auf diese beiden Gebote« (Matthäus 22,37-40).

> Gott lieben und die Menschen lieben. Darum geht es im Leben. Das ist das Einzige, was zählt.

So einfach ist die Sache eigentlich. Gott lieben und die Menschen lieben. Darum geht es im Leben. Das ist das Einzige, was zählt. In unserem Text heute lernen wir, wie wir ganz konkret Gott lieben können. Jesus verrät uns hier ein Geheimnis: Gott hat sich als unser Nachbar verkleidet! Mutter Theresa hat einmal gesagt: »Zuerst denken wir über Jesus nach – und dann gehen wir hinaus, um herauszufinden, wie er sich verkleidet hat!«

Wenn du Gott lieben möchtest, dann kannst du das tun, indem du deinen Nachbarn liebst! Da gibt es einen ganz engen Zusammenhang. Du kannst nicht sagen: Ich liebe Gott, aber ich hab was gegen den und den, weil der doof ist!

Ich kann nicht sagen »Ich liebe Gott« und gleichzeitig tatenlos zusehen, wie Menschen in dieser Welt an Armut sterben! Tony Campolo hat einmal über diesen Text gepredigt und sagte: »Drei Dinge möchte ich heute gerne sagen: Erstens: Währenddem Sie heute Nacht geschlafen haben, sind 30 000 Kinder verhungert oder an den Folgen von Unterernährung gestorben. Zweitens: Die meisten von Ihnen interessiert das einen Scheißdreck! Und das Schlimmste ist drittens, dass Sie sich mehr daran stören, dass ich ›Scheißdreck‹ gesagt habe, als daran, dass heute Nacht 30 000 Kinder gestorben sind!«

Täglich sterben weltweit 30 000 Kinder an ganz banalen Krankheiten oder Unterernährung, noch bevor sie das 5. Lebensjahr erreichen! Das sind 20 Kinder pro Minute! Wir in Deutschland gehören zu den 8 % der reichsten Menschen auf diesem Globus! Die Frage ist: Was machen wir damit? Wie viel von unserem Geld spenden wir in Länder, in denen es nicht einmal ausreichend Medizin gegen eine einfache Bronchitis gibt und wo Kinder an einem Husten sterben?

Wenn wir Gott lieben wollen, dann kann uns das nicht egal sein. Gott ist der »Geringste«, der unsere Hilfe braucht! Jakobus benutzt da recht deutliche Worte, wenn er sagt: »Angenommen, jemand sieht einen Bruder oder eine Schwester um Nahrung oder Kleidung bitten und sagt: ›Lass es dir gut gehen, Gott segnet dich, halte dich warm und iss dich satt‹, ohne ihnen zu essen oder etwas anzuziehen zu geben. Was nützt ihnen das? Es reicht nicht, nur Glauben zu haben. Ein Glaube, der nicht zu guten Taten führt, ist kein Glaube – er ist tot und wertlos« (Jakobus 2,15-17).

Wir haben alle nur ein Leben. Nur einen Versuch. Lasst es uns radikal leben!

Zum Nachdenken

Die Gerechten in Matthäus 25 wussten anscheinend nicht, dass sie Jesus dienen! Für sie war es das Natürlichste der Welt. Ist es das für dich auch?

TAG 13:
GEBETSANLIEGEN VON JESUS

Bibeltext: Johannes 17,1-26

Wenn ich mir diesen Text durchlese, dann drängt sich mir der Gedanke auf, dass es Gottes Ziel ist, seine Existenz durch uns zu beweisen. Völlig abgefahren! Aber Jesus wiederholt sich ja förmlich: »Ich bete für sie alle, dass sie eins sind, Vater – damit sie in uns eins sind, so wie du in mir bist und ich in dir bin und die Welt glaubt, dass du mich gesandt hast« (Vers 21).

Und nicht nur in Vers 21. Auch in Vers 11, 22 und 23! Diese Bitte schien Jesus irgendwie besonders wichtig zu sein. Und warum? Damit »die Welt glaubt, dass du mich gesandt hast« (Vers 21). Das war Jesu größtes Gebetsanliegen! Und scheinbar gab es Gründe, dass er dafür beten musste. Die Jünger machen mir an manchen Stellen nicht den Eindruck, als seien sie ein harmonischer Haufen. Da wird schlecht übereinander gedacht (Matthäus 20,24), Spenden veruntreut (Johannes 12,6) und einander argwöhnisch beobachtet (Johannes 21,21). Trotzdem betet Jesus in seinem Gebet darum, dass die Menschen in diesem Haufen Chaoten erkennen können, dass Gott in ihnen lebt und dass sie eins sind, wie Jesus und Gott eins sind. Wie sieht das in deinem Leben, in deiner Gemeinde aus? Ist das Gebet von Jesus erhört worden? Und was ist dein Beitrag dazu? Können deine Freunde an deinen Beziehungen zu anderen Christen erkennen, dass Gott ein lebendiger Gott sein muss?

Die Schreiber der Bibel hacken da immer wieder darauf rum. Nicht zuletzt deshalb, weil es wirklich ein schwieriges Thema ist. In der Gemeinde trifft sich eine wild zusammengewürfelte Schar von Leuten, die alle nur eines gemeinsam haben: Sie haben erkannt, dass sie schlechte Menschen sind und Gottes Vergebung brauchen! Kein Wunder, dass es mit dem Zusammenleben manchmal nicht so einfach geht! Und trotzdem sagt Paulus: »Lasst uns jede Gelegenheit nutzen, allen Menschen Gutes zu tun, besonders aber unseren Brüdern und Schwestern im Glauben« (Galater 6,10).

»Lasst uns jede Gelegenheit nutzen, allen Menschen Gutes zu tun, besonders aber unseren Brüdern und Schwestern im Glauben.« Galater 6,10

In der Theorie wissen wir das wahrscheinlich auch alle, aber tun wir es denn auch? Jesus sagt über seine Jünger: »Sie haben deinem Wort geglaubt und leben danach« (Vers 6, *Hoffnung für alle*). Könnte Jesus das auch über dein Leben sagen? Glaubst du es nur oder lebst du auch danach? Die Bibel wird immer erst dann ein spannendes Buch, wenn wir anfangen, das umzusetzen, was da steht. Jakobus fordert die Leute dazu auf: »Aber es reicht nicht, nur auf die Botschaft zu hören – ihr müsst auch danach handeln! Sonst betrügt ihr euch nur selbst« (Jakobus 1,22). Setz es in die Tat um! Jesus hat auch für dich gebetet, dass du mit den Leuten in deiner Gemeinde eins wirst, wie Jesus und sein Vater eins sind! Wo kannst du anfangen, Einheit in deiner Gemeinde praktisch werden zu lassen? Jesus geht sogar so weit, dass er sagt: »Wenn ihr also vor dem Altar im Tempel steht, um zu opfern, und es fällt euch mit einem Mal ein, dass jemand etwas gegen euch hat, dann lasst euer Opfer vor dem Altar liegen, geh zu dem Betreffenden und versöhnt euch mit ihm« (Matthäus 5,23).

Und Jesus weiß, warum ihm dieses Gebetsanliegen so wichtig war: »Ich habe ihnen vieles gesagt, während ich in der Welt war, damit sie von meiner Freude vollkommen erfüllt sind« (Vers 13). Gott möchte immer das Beste für unser Leben (Römer 8,28) und dass uns seine Freude ganz erfüllt!

»Wie schön und wie wunderbar ist es, wenn Brüder einträchtig zusammenleben!« (Psalm 133,1).

 ## Zum Nachdenken

Wann hast du das letzte Mal dafür gebetet, dass wir Christen eins sind? Wenn es für Jesus eine so wichtige Sache war, dann sollte dieses Gebetsanliegen auch unseres werden.

TAG 14:
IM ZEUGENSTAND

Bibeltext: 1. Petrus 3,15-16

»Und wenn man euch nach eurer Hoffnung fragt, dann seid immer bereit, darüber Auskunft zu geben, aber freundlich und mit Achtung für die anderen. Bewahrt euch ein reines Gewissen. Wenn dann jemand etwas Böses über euch sagt, wird er beschämt werden, weil euer vorbildliches Leben mit Christus ihn Lügen straft.«

Was für Erfahrungen hast du gemacht, wenn deine Freunde dich über deinen Glauben befragt haben? Hat dich schon einmal jemand nach deinem Glauben gefragt? Ein Arbeitskollege, ein Schulfreund, ein Lehrer? Hat dich schon mal jemand gefragt, wo du immer freitagabends hingehst, wenn du in deinen Jugendkreis gehst? Und? Was hast du geantwortet? Ging es dir genauso wie mir? Dir wird auf einmal ganz heiß, du wirst rot im Gesicht, hast einen Blackout und keine Ahnung, was du sagen sollst? Ja, ich kenne das auch …

Was können wir von dem Text heute lernen? Anscheinend geht Petrus davon aus, dass Menschen uns nach unserem Glauben fragen werden. Denn wenn du echtes Christsein lebst, dann wird das dein Leben verändern und deine Freunde werden sich fragen: »Was ist denn mit dem passiert?« Vielleicht ärgern sie sich sogar, dass du jetzt nicht mehr bei jedem dummen Scheiß mitmachst.

Von der Erfahrung schreibt auch schon Petrus: »Eure früheren Freunde sind natürlich überrascht, dass ihr nicht mehr an ihren schlimmen Vergnügungen teilnehmt, und reden jetzt schlecht über euch. Aber vergesst nicht, dass sie sich eines Tages vor Gott verantworten müssen, der alle Menschen – die Lebenden wie die Toten – richten wird« (1. Petrus 4,4-5).

Hat dich schon einmal jemand gefragt, warum du immer so glücklich bist oder warum du immer vor dem Essen betest? Der Tipp, den Paulus uns hier gibt, ist folgender: Wenn wir sowieso schon wissen, dass uns Leute wegen unserem Glauben fragen, dann können wir uns doch auch darauf vorbereiten und uns im Voraus schon mal überlegen, was wir sagen wollen. »Seid immer bereit, darüber Auskunft zu geben …«, heißt es in dem Text. Vielleicht sagst du ja: Ich würde ja gern Auskunft geben, aber ich traue mich nicht. Ich hab Angst, dass ich ausgelacht werde.

Es gab zwei Personen in der Bibel, die ebenfalls Bammel hatten, weil man ihnen von höchster Stelle verboten hatte, von Jesus zu reden. Sie hießen Petrus und Johannes. Sie standen vor Gericht, weil sie jemanden geheilt hatten, und man verbot ihnen streng, von da an jemals noch etwas über Jesus zu erzählen. Daraufhin setzten sie sich erst einmal zusammen und beteten. Und das Gebet, das sie beteten, kannst du auch beten, wenn dir der Mut fehlt, dich zu Jesus zu bekennen. Sie beteten Folgendes: »Und nun höre ihre Drohung, Herr, und gib deinen Dienern Mut, wenn sie weiterhin die gute Botschaft verkünden. Sende deine heilende Kraft, damit im Namen deines heiligen Knechtes Jesus Zeichen und Wunder geschehen.‹ Nach diesem Gebet bebte das Gebäude, in dem sie sich versammelt hatten, und sie wurden alle vom Heiligen Geist erfüllt. Und sie predigten mutig und unerschrocken die Botschaft Gottes« (Apostelgeschichte 4,29-31).

Mach doch heute einfach mal eine praktische Übung und überlege dir, wie ein Gespräch mit deinem Schulfreund verlaufen könnte. Was würde er dich wohl fragen? Vielleicht: »Wie kannst du an einen Gott glauben, den man gar nicht sieht?« Oder: »Ich bin doch ein ganz guter Mensch. Ich stehle nicht und bringe niemanden um. Warum sollte ich ein Sünder sein?« Überlege dir jetzt schon, was du darauf antworten könntest. Es ist wichtig, dass du Antworten auf diese Fragen suchst und dich vorbereitest, um dann bereit zu sein, wenn man dich fragt. Du kannst auch einfach mit einem guten Freund zusammen »üben« und ihr könnt euch gegenseitig schwere Fragen stellen!

Der Schluss von unserem Vers ist auch noch extrem wichtig: »... wenn sie sehen, was für ein einwandfreies Leben ihr in Verbindung mit Christus führt« (*GNB*). Es geht nicht nur darum, tolle Worte zu schwingen. Dein Lebensstil sagt mehr aus als 1000 Worte. Wenn du nicht lebst, was du sagst, ist es sinnlos. Dein Leben sollte das auch widerspiegeln, was du erzählst. Jesus sagt: »Wer eure Botschaft annimmt, nimmt auch mich an« (Lukas 10,16). Du bist Gottes Stellvertreter. Gott kann man nicht sehen, aber er lebt in dir und er möchte, dass du von ihm weitererzählst und immer bereit bist, Rede und Antwort zu stehen, wenn du gefragt wirst, warum du so von Hoffnung erfüllt bist.

Zum Nachdenken

Die Bibel sagt, dass der Heilige Geist dir
zur richtigen Zeit die richtigen Worte
geben wird. Probier es einfach mal aus!
Ein vorbildliches Leben zu führen, bedeutet
nicht, perfekt sein zu müssen. Auch Christen sind nur Menschen und machen Fehler.
Nur, wie gehst du mit deinen Fehlern um?

TAG 15:
LEHRLINGE

Bibeltext: 2. Könige 2,1-18

Lies auch noch
2. Könige 2,1-18.

»Doch Elisa antwortete: ›So wahr der Herr lebt und du selbst auch: Ich werde dich nicht verlassen!‹ Also gingen sie zusammen nach Bethel. Am anderen Ufer sagte Elia zu Elisa: ›Was kann ich noch für dich tun, bevor ich fortgenommen werde?‹ Elisa antwortete: ›Setz mich als deinen rechtmäßigen Nachfolger ein!‹« 2. Könige 2,2b.9

»Wir wollten euch ein Beispiel geben, damit ihr euch danach richtet.« 2. Thessalonicher 3,9

Ich denke, diese Geschichte mit Elia und Elisa ist zum einen eine Geschichte, die tatsächlich so passiert ist. Aber ich denke, Gott hat diese Geschichte auch aus dem Grund in sein Wort gesetzt, damit wir davon lernen können. Das Prinzip, das wir hier finden, ist, dass ein im Glauben »erwachsener« Mensch einen im Glauben noch jungen unter die Flügel nimmt und ihn anleitet. Jemand, der als Vorbild vorangehen kann, der einen im Glauben noch jungen Menschen bestärken kann, ihn unterstützen kann, für und mit ihm beten kann und ihn im Glauben herausfordert! Elia hatte Elisa als seinen »Lehrling« aufgenommen, ihn überallhin mitgenommen und ihm gezeigt, wie er als Gottes Prophet lebt. Und Elisa war ein treuer Lehrling, der bereit war zu lernen. Als dann die Zeit kam, in der Elias Mission zu Ende war, sollte Elisa seine Arbeit weiterführen. Gott hat dieses Prinzip sehr gesegnet und tut es auch heute noch! Elia fragt ihn zum Schluss, was er noch für ihn tun kann. Und Elisa stellt keine zu kleine Bitte. Er möchte, dass er die doppelte Portion von dem Geist bekommt, den Elia hatte (… und Elia hat viel »Geist«, denn er war ein begnadeter Prophet und sehr bekannt zu seiner Zeit!). Selbst Elia ist sich nicht sicher, ob Gott diese Bitte erhören wird. Aber Gott tut es, und er segnet dieses Prinzip. Wenn man das Kapitel zu Ende liest, dann sieht man, wie Gott Elisa bestätigt und wirklich große Wunder tut.

Ich glaube, wir brauchen das heute auch noch. Christen sind nicht als Einzelgänger geschaffen. Wir brauchen Christen an unserer Seite und um uns herum, die uns anleiten, für uns beten und Christsein vorleben. Viel zu oft passiert es, dass Leiter in unseren Gemeinden zurücktreten – und es gibt keinen, der ihre Arbeit fortführen kann, weil sie nie einen »Lehrling« gehabt haben, an den sie ihr Wissen und ihren Glauben weitervermittelt haben!

Überlege dir mal selbst, wer für dich als Vorbild dienen könnte, und dann geh hin und sag: Ich weiche nicht von deiner Seite, ich möchte von dir lernen. Oder überlege dir, an wen du deine Erfahrungen mit Gott weitergeben könntest und wen du in seinem Christsein begleiten kannst.

Zum Nachdenken

Manchmal haben ältere Leute Angst vor verrückten jungen Leuten! Deshalb müssen manchmal einfach wir diejenigen sein, die auf sie zugehen und sie fragen, ob sie unsere »geistlichen Väter« werden wollen.

TAG 16:
SICH UNTERORDNEN

Bibeltext: 4. Mose 16

>»Sie schlossen sich gegen Mose und Aaron zusammen und sagten ihnen: ›Ihr seid zu weit gegangen! Jeder Israelit ist heilig und der Herr ist mitten unter uns. Warum stellt ihr euch über das Volk des Herrn?‹ Als Mose das hörte, warf er sich zu Boden.«
> 4. Mose 16,3-4

Lies auf jeden Fall das ganze Kapitel 16. Und wenn du das ganze Ausmaß der Tragödie lesen willst, dann knöpf dir mal die Kapitel 12, 14, 16 und 17 im 4. Buch Mose vor. Und dazu noch 1. Petrus 2,13-21.

Mose war ein sehr charakterstarker Mann. Was hätte ich wohl gemacht, wenn mir die Leute ständig ans Bein gepinkelt hätten? Aber Mose bleibt echt gelassen, weil er wusste, dass die Israeliten sich nicht gegen ihn, sondern gegen Gott auflehnten. Er scheint schon gewusst zu haben, was Paulus später einmal schreibt: »Wer sich also den Gesetzen des Landes widersetzt, der verweigert Gott selbst den Gehorsam und wird bestraft werden« (Römer 13,2).

Ich glaube, die Bibel spricht eine sehr deutliche Sprache, wenn es darum geht, sich den Leitern unterzuordnen, die Gott selbst über uns gesetzt hat (1. Petrus 2,14). Sie sind von Gott eingesetzt und Gott möchte, dass wir uns diesen unterordnen. Dieses Denken ist uns im 21. Jahrhundert nicht mehr so geläufig und gerade in unseren

Gemeinden passiert oft genau die gleiche Geschichte, wie wir sie hier lesen. Die Leute sagen: »Wieso behauptet ihr, dass Gott nur zu euch redet? Er redet auch zu uns! Was nehmt ihr euch raus, hier die Bosse zu spielen!« Die Leute drücken ihr Gemecker sogar recht geistlich aus: »Gott spricht doch auch zu mir!« Richtig. Das tut er auch und trotzdem müssen wir uns den Leitern unterordnen, die Gott uns gegeben hat (in 4. Mose 12,6-9 bestätigt Gott Mose in seinem Amt). Es war schon immer Satans Strategie, zu rebellieren, und seit dem Sündenfall schafft er es immer wieder, Menschen dazu zu bringen, gegen Gott und gegen die von ihm eingesetzten Autoritäten zu rebellieren. Aber sind denn wirklich alle Vorgesetzten von Gott eingesetzt?

Lies dazu mal folgende Bibelstellen:

1. Gemeindeleiter: 1. Thessalonicher 5,12-13
2. Politiker: Römer 13,1-5
3. Eltern: Epheser 6,1
4. Vorgesetzte: Epheser 6,5-9

Es ist ein biblisches Prinzip, dass wir uns Leitern unterordnen, auch dann, wenn es wirklich schwerfällt. Die Bibel sagt sogar ausdrücklich, dass wir uns nicht nur den guten Leitern unterordnen sollen, »sondern selbst dann, wenn sie ungerecht handeln« (1. Petrus 2,18). Mose hätte wirklich allen Grund gehabt, sauer zu sein, weil man ihn so ungerecht behandelte. Aber anstatt wütend rumzutoben, geht er auf die Knie und betet für die Leute, die ihn anschuldigen. Vielleicht lehnen sich auch Leute gegen dich auf. Bleib cool und bete für sie.

Zum Nachdenken

Welche Leiter/Autoritäten hast du in deinem Leben über dir stehen?
Kommst du immer gut mit ihnen klar?
Wann hört meine Pflicht, mich unterzuordnen, auf?

TAG 17:
UNTERTAUCHEN

Bibeltext: Römer 6,3-11

»Denn der Sinn der Taufe ist ja nicht, dass der Körper vom Schmutz gereinigt wird. Wer sich taufen lässt, bittet damit Gott, sein Gewissen von aller Schuld zu reinigen.«
1. Petrus 3,21b
(GNB)

Die wörtliche Bedeutung der Taufe ist »eintauchen« oder »untertauchen«. In Altgriechisch wurde der Begriff verwendet, um den Vorgang des Färbens zu beschreiben. Was musste man tun, um ein weißes Tuch rot einzufärben? Man holte sich einen Bottich mit roter Farbe, steckte das Tuch auf einen Stock und »taufte« es in die Farbe. Und was passierte, wenn man es wieder rausholte? Nun, dann hatte man ein rotes Tuch. Es kam als eine Sache hinein – und kam als etwas anderes wieder heraus, mit allen Merkmalen dessen, worin es getauft worden war. Die Schlüsselbedeutung hinter dem Begriff »Taufe« ist »völlige Identifizierung«. Das ist genau das, was Gott uns lehren will. Gott hat uns Menschen verschiedene Symboliken gegeben, damit wir manche unsichtbaren Dinge besser greifen und begreifen können. Zum Beispiel das Abendmahl, die Fußwaschung, das Salben mit Öl, Hände auflegen beim Beten oder eben auch die Taufe.

Es passiert dabei nicht irgendetwas Mystisches. Aber Gott hat versprochen, durch dieses symbolische Untertauchen ins Wasser bei der Taufe, etwas Übernatürliches zu bewirken. Dadurch können wir mit unseren Gefühlen wahrnehmen, was es bedeutet, von unseren Sünden reingewaschen zu werden. Wenn ich einen Blick in die Bibel werfe, um zu sehen, welchen Stellenwert die Taufe damals hatte, dann stelle ich fest, dass Paulus die Taufe sehr viel wichtiger nahm, als die meisten unserer Gemeinden das heute tun. Wenn damals jemand ein neues Leben mit Jesus begonnen hat, dann hat er sich auch sofort taufen lassen. Das war ein und dieselbe Entscheidung: Umkehr und Taufe gehörten zusammen wie das Huhn und das Ei.

Wenn ihr das nachlesen wollt, dann schlagt mal in der Bibel folgende Stellen nach: Apostelgeschichte 2,38.41; 8,12-13.36.38; 9,18; 16,15.33; 18,8 und 19,5.

Aber was genau geschieht denn bei der Taufe? In Römer 6 sagt Paulus, dass wir bei der Taufe »eintauchen« (wie ein Tuch beim Färben) in den Tod von Jesus, damit wir auch eines Tages mit ihm auferstehen werden. Die Taufe ist ein öffentliches Bekenntnis, dass ich ein Sünder bin und dass ich die Vergebung von Gott nötig habe. Wenn du noch mehr Bibelstellen zu diesem Thema lesen möchtest, dann schau dir mal noch 1. Korinther 12,13, Römer 6,1-10 und 1. Petrus 3,21-22 an.

 ## Zum Nachdenken

Was genau hindert dich daran, dich taufen zu lassen (falls du nicht schon getauft wurdest)?

TAG 18: GUTE PLÄNE?!

Bibeltext: Jeremia 29,11

»»Denn ich weiß genau, welche Pläne ich für euch gefasst habe«, spricht der Herr. ›Mein Plan ist, euch Heil zu geben und kein Leid. Ich gebe euch Zukunft und Hoffnung.«

»Nimm mein Leben, nimm es ganz…« – wie oft habe ich schon dieses Lied gesungen und wie oft habe ich mich dabei über mich selbst erschrocken. Möchte ich das überhaupt, was ich da singe? Klar, auf der einen Seite weiß ich, dass mein Leben in Gottes Händen gut aufgehoben ist, weil er der ist, der das Leben erfunden hat. Aber andererseits befällt mich ganz schnell die Angst, dass Gott mich dann auf die Probe stellen wird, um mal zu testen, ob ich ihm denn wirklich gehorche. Und dann könnte er sich überlegen, mich nach Sibirien zu schicken, wo ich unter einäugigen Kannibalen arbeiten muss. Oder dass ich der Hiob des 21. Jahrhunderts werde, weil es Gott gefällt, meinen Gehorsam hundertprozentig zu testen. Bei diesen Gedanken möchte ich mein Leben dann vielleicht doch lieber selbst in die Hand nehmen– jedenfalls teilweise. Aber ist Gott wirklich so?

Die Geschichte von Jeremia berichtet davon, dass der Prophet dem Volk Israel das Gericht Gottes ankündigen sollte, weil diese nicht auf Gott gehört haben. Kurz vor dem Vers 11 bestätigt Gott dann, dass das Volk noch einige Zeit in der babylonischen Gefangenschaft aushalten muss. Aber entscheidend ist das Ende der ganzen Geschichte: Gott wünscht sich das Beste für sein Volk und möchte ihm eine hoffnungsvolle Zukunft schenken – eben so, wie sie sie sich erhoffen. Er freut sich also nicht darüber, die Israeliten leiden zu sehen, und lacht sich auch nicht ins Fäustchen, weil er sie mal wieder auf eine schwere Probe gestellt hat. Im Gegenteil, er liebt sie und will nur ihr Bestes – und zu diesem Besten gehört auch manchmal dazu, von Gott erzogen zu werden (lies hierzu mal Hebräer 12,5-11).

Klar, viele Punkte der Geschichte sind nicht eins zu eins auf heute anzuwenden. Bei uns folgt nicht mehr unweigerlich die Strafe auf Ungehorsam. Wir warten auch nicht auf die Befreiung aus der Gefangenschaft. Aber was ganz sicher heute noch genauso gilt wie damals, ist die Eigenschaft Gottes, sich nur das Beste für seine Geschöpfe zu wünschen. Wir sind Gottes geliebte Kinder und er sorgt für uns wie ein leiblicher Vater – ja besser noch: »Wenn ihr, die ihr Sünder seid, wisst, wie man seinen Kindern Gutes tut, vie viel mehr wird euer Vater im Himmel denen, die ihn darum bitten, Gutes tun« (Matthäus 7,11).

Der Knackpunkt an der ganzen Sache ist allerdings der: Was wir meinen, was gut für uns ist, ist nicht unbedingt das, was wirklich gut für uns ist. Hier geht es dann eben doch darum, Gott zu vertrauen, dass er es richtig machen wird, weil er es gut mit uns meint. Und das hat er versprochen! Und wer weiß, vielleicht sind die Kannibalen in Sibirien ja eine geniale Aufgabe …

Zum Nachdenken

Was denkst du, was »gute Pläne« für dich wären?
Woher kommt deine »Angst« vor Gott?
Hast du vielleicht ein falsches Bild von ihm?

TAG 19:
JESUS — DER FRÜHSTÜCKSMANN

Bibeltext: Johannes 21,1-14

Ich habe eine lebhafte Fantasie und ich versuche immer, mir solche Szenen vorzustellen. Da hat Jesus am Strand ein kleines Lagerfeuer gemacht, darauf Fische gebraten und irgendwo Brot hergezaubert. Dann lädt er seine Jünger nach einer langen, harten Nacht zum gemütlichen Frühstück am Strand ein! So ist Jesus! Keine theologischen Vorträge. Einfach nur ein gutes Frühstück!

Aber am besten fangen wir von vorne bei der Geschichte an: Die Jünger schienen trotz der Tatsache, dass Jesus wieder auferstanden war, irgendwie ein wenig hilf- und orientierungslos. Drei Jahre waren sie Jesus gefolgt und hatten für ihn alles zurückgelassen. Jetzt saßen sie alle vor einem Scherbenhaufen und wussten nicht mehr so recht, wie es weitergehen soll. Kennst du dieses Gefühl auch?

Und dann hat Petrus eine gute Idee: Bevor wir hier sinnlos herumsitzen und nichts tun, gehen wir doch lieber wieder fischen. Das haben wir früher auch getan, dann haben wir wenigstens etwas zu tun. (Unglaublich, dass diese Leute kurze Zeit später das Evangelium in aller Welt gepredigt haben. Wenn es dich interessiert, was sie wohl dazu bewegt hat, dann lies mal Apostelgeschichte 1,8 und Kapitel 2!).

Auf jeden Fall tun die Jünger das, was viele Menschen tun, wenn sie von Gott »enttäuscht« wurden: Sie gehen zurück in ihr altes Leben. Doch irgendwie scheint das nicht zu klappen. Sieben Fischer mit langjähriger Berufserfahrung fangen in der ganzen Nacht nicht einen einzigen Fisch! Ich kann mir gut vorstellen, dass Petrus nun noch mehr frustriert war! Als sie am Morgen wieder an Land kommen, sagt irgend so ein Fremder: »Werft die Netze nochmals auf der anderen Seite aus!« Petrus muss hier wohl ein Déjà-vu-Erlebnis gehabt haben, denn genau das Gleiche ist ihm schon mal passiert (Lukas 5,1-11). Und auf einmal fangen sie so viele Fische, dass sie das Netz nicht mehr ins Boot kriegen! Doch als Petrus schnallt, dass es wohl Jesus gewesen sein muss, schwimmt er 100 Meter Freistil, um als Erster bei Jesus zu sein.

Jesus begegnet uns da, wo wir sind, und holt uns von dort zurück, wohin wir uns verirrt haben! Er begegnet den Jüngern an dem Punkt, an dem sie so verzweifelt sind, dass sie zurück zu ihrer Alltagsarbeit gehen und den vollzeitlichen Dienst quittieren! Jesus möchte dir da begegnen, wo du gerade steckst! Kein Problem ist für ihn zu groß. Hör auf ihn und sei gehorsam, wenn er sagt, dass du dein »Netz« auf der anderen Seite auswerfen sollst! Wenn du nicht gehorsam bist, wirst du nie erleben, was Gott in deinem Leben Großes hätte tun können! Und wenn du dann von deinem »Fischfang« zurückkehrst, dann nimm dir Zeit und frühstücke mal gemütlich mit Jesus!

 ## Zum Nachdenken

Wenn du damals mit im Boot gewesen wärst, hättest du die Netze dann auf der anderen Seite ausgeworfen?

TAG 20:
GASTFREUNDSCHAFT!

Bibeltext: 2. Könige 4,8-37

»Teilt euer Zuhause gastfreundlich mit anderen, die Essen oder einen Platz zum Schlafen brauchen.«
1. Petrus 4,9

Die Geschichte und das Drumherum kannst du nachlesen in: 2. Könige 4,8-37, 2. Könige 8,1-7, Römer 12,12-13.

»Eines Tages kam Elisa in die Stadt Schunem. Dort lebte eine wohlhabende Frau, die ihn zum Essen einlud. Von da an pflegte er jedes Mal, wenn er durch die Stadt kam, bei ihr zu essen. Die Frau sagte zu ihrem Mann: ›Ich weiß, dass dieser Mann, der immer zu uns kommt, ein heiliger Mann Gottes ist. Wir sollten ihm ein kleines Dachzimmer einrichten und ein Bett, einen Tisch, einen Stuhl und eine Lampe hineinstellen, sodass er dort wohnen kann, wenn er zu uns kommt.‹« (Vers 8-10). »Elisa sagte zu Gehasi: ›Sag ihr: Die Fürsorge, die du uns erwiesen hast, wissen wir zu schätzen. Was können wir für dich tun?‹« (Vers 13a). »… sagte Elisa zu ihr: ›Nächstes Jahr um diese Zeit wirst du einen Sohn im Arm halten!‹« (Vers 16).

Das ist eine wirklich wunderbare Geschichte, die uns hier überliefert wird. Die Geschichte von der Frau aus Schunem, deren Namen wir nicht einmal kennen. Es ist der Wahnsinn, was da aus einer einfachen Einladung zum Mittagessen entstanden ist. Ihr Haus wird gesegnet, der »Mann Gottes« fragt, ob er ihr was Gutes tun kann, sie bekommt einen Sohn und dieser wird sogar von den Toten wieder auferweckt. Der Mann Gottes gibt dieser Frau dann in Kapitel 8 einen Einblick in die Zukunft, sie entkommt der Hungersnot und wird sogar viele Jahre später noch finanziell belohnt, als sie wieder zurückkehrt! Und das alles nur, weil sie gastfreundlich war und einen heiligen Mann zum Essen eingeladen hat.

Im Galaterbrief steht: »Deshalb werdet nicht müde zu tun, was gut ist. Lasst euch nicht entmutigen und gebt nie auf, denn zur gegebenen Zeit werden wir auch den entsprechenden Segen ernten. Lasst uns jede Gelegenheit nutzen, allen Menschen Gutes zu tun, besonders aber unseren Brüdern und Schwestern im Glauben« (Galater 6,9-10).

Diese Frau hatte es darauf angelegt, Gutes zu tun. Sie wollte diesen Gottesmann öfter in ihrem Haus haben. Deshalb hat sie extra ein Gästezimmer für ihn einrichten lassen. Sie wollte Gott nah sein, sie wollte gastfreundlich sein. Würdest du auch so weit gehen mit der Gastfreundschaft? Wer weiß! Vielleicht haben manche von uns schon Engel bei sich zu Besuch gehabt. Das schreibt auf jeden Fall der Schreiber des Hebräerbriefes: »Vergesst nicht, Fremden Gastfreundschaft zu erweisen, denn auf diese Weise haben einige Engel beherbergt, ohne es zu merken« (Hebräer 13,2). Diese Frau wollte umgeben sein von der Gegenwart Gottes, die durch diesen Propheten in ihr Haus kam. Sehnst du dich auch so sehr nach Gottes Gegenwart?

Zum Nachdenken

Du hast vielleicht noch keine eigene Wohnung, aber was für Möglichkeiten hättest du, Gastfreundschaft zu zeigen? Dein Glaube zeigt sich in deinem Reden und Tun. Dein Leben spricht lauter als Worte.

SEI EIN VORBILD
IN DEINEM GLAUBEN

Es war an einem Freitagmorgen um 5:30 Uhr, als ich mich mit zwei Freunden aufmachte, um mit einem Billig-Flieger von Frankfurt-Hahn nach Italien zu einem Dream-Theater-Konzert zu fliegen. Die Stimmung war trotz der Uhrzeit gut, und wir freuten uns auf einen schönen Tag in Italien. Wir glaubten zu wissen, dass der Flughafen »Frankfurt-Hahn« mit Sicherheit ganz in der Nähe von Frankfurt liegen müsse, und so beschlossen wir, erst mal nach Frankfurt zu fahren und dann dort nach dem Flughafen zu fragen. Doch als wir in Frankfurt am Flughafen fragten, brach der Mann in schallendes Gelächter aus! Frankfurt-Hahn hatte überhaupt nichts mit Frankfurt zu tun und wir mussten mit Schrecken feststellen, dass wir noch über 100 Kilometer von unserem Ziel entfernt waren. Trotz der Überschreitung aller Tempolimits kamen wir zu spät und sahen nur noch, wie der Flieger vor uns abhob.

Tja, wir »glaubten« zu wissen, wo der Flughafen liegt, und lagen meilenweit daneben. Ist das der Glaube, von dem Paulus hier spricht, wenn er Timotheus ermutigt, ein Vorbild im Glauben zu sein? Wir Menschen, wir glauben ja mehr als wir denken. Wir glauben, dass das

Wetter morgen wieder besser wird. Wir glauben, dass die Spritanzeige in unserem Auto stimmt. Wir glauben, dass unser kleiner Bruder ein Gehirn hat, obwohl wir es nicht sehen können. Manche glauben sogar an Außerirdische.

Was ist Glaube eigentlich? Wie kann man Glauben definieren und worum genau geht es, wenn wir ein Vorbild in unserem Glauben sein sollen?

Die Bibel gibt uns eine recht einfache Definition von dem, was Glaube ist: »Es ist aber der Glaube eine feste Zuversicht auf das, was man hofft, und ein Nichtzweifeln an dem, was man nicht sieht« (Hebräer 11,1 nach *Luther*). Ein »Überzeugt sein von der Wirklichkeit unsichtbarer Dinge« heißt es in einer anderen Übersetzung. Glaube wird immer eine Sache bleiben, die man nicht beweisen kann. Und sobald man sie beweisen kann, braucht man keinen Glauben mehr! Wenn man Gott sehen und anfassen könnte, dann bräuchte man nicht mehr an ihn glauben! Und genau das ist es, was es so spannend macht. Was also kann ich tun, damit mein Glaube stärker wird, damit mein Glaube an Gott gefestigt wird, damit ich anderen ein Vorbild in meinem Glauben sein kann? Genau darum wird es in den nächsten Tagen gehen!

Wir wollen mit unserem Leben Gott Ehre geben, »aber ohne Glauben ist's unmöglich, Gott zu gefallen« (Hebräer 11,6 nach *Luther*). Deshalb ist es so wichtig, dass wir uns immer und immer wieder durch Gottes Wort ermutigen lassen, denn »der Glaube (kommt) aus dem Hören dieser Botschaft« (Römer 10,17).

Zwar lagen wir mit unserem »Glauben« über den Flughafen Frankfurt-Hahn total daneben, aber trotzdem haben wir es an diesem Tag noch nach Italien geschafft. Nachdem wir 13 Stunden getrampt hatten, haben wir gerade noch das Ende vom Konzert gesehen!

TAG 21:
KANN ICH NICHT, GIBT'S NICHT!

Bibeltext: Philipper 4,13

>»Denn alles ist mir möglich durch Christus, der mir die Kraft gibt, die ich brauche.«

Heute wollen wir uns einen berühmten Mann im Alten Testament anschauen, der gesagt hat: »Kann ich nicht!« Sein Name war Mose. Gott wollte ihn losschicken, um sein Volk aus Ägypten zu befreien. Aber Mose hat gekniffen. Um die Geschichte ganz zu verstehen, lies mal 2. Mose 4 von Anfang an.

Hier ein kleiner Ausschnitt: »Aber Mose erwiderte: ›O Herr, ich bin kein guter Redner; ich bin es nie gewesen – und seit du mit mir, deinem Diener, sprichst, hat sich daran nichts geändert. Ich kann nicht gut reden.‹ ›Wer hat den Menschen einen Mund gegeben?‹, fragte ihn der Herr. ›Wer macht die Menschen stumm oder taub, sehend oder blind? Ich bin es, der Herr! Mach dich jetzt auf den Weg. Ich werde dir helfen und dir zeigen, was du reden sollst.‹ Aber Mose bat: ›Herr, bitte schick doch einen anderen!‹ Da wurde der Herr zornig auf Mose…« (2. Mose 4,10-14).

Mose war ein echt gesegneter Mann. Er war ein Freund Gottes und einer der größten Glaubenshelden. Aber ich frage mich: Was wäre wohl passiert, wenn Mose hier Gott noch ein bisschen mehr vertraut hätte? Gott hätte ihn noch mehr benutzen können und er hätte sich vielleicht so manchen Ärger erspart (z. B. 4. Mose 12).

Als ich diese Geschichte vor einiger Zeit gelesen habe, hat Gott mich durch diese Zeilen wirklich angesprochen. Ich hatte das Gefühl, er sagte: Sag niemals, das kann ich nicht. Wenn ich dich zu etwas berufe, dann werde ich auch höchstpersönlich dafür sorgen, dass es dir gelingen wird. Ich möchte von dir einen Kinderglauben, der weiß, dass alles möglich ist, wenn Papi dabei ist! Es gibt kein Hindernis, das zu groß ist, dass ich es nicht aus dem Weg räumen könnte.

Sehr oft musste ich mich schon an diese Geschichte zurückerinnern, wenn ich an Punkte kam, wo ich sagen musste: Das kann ich nicht! – Aber mit deiner Hilfe will ich es versuchen.

Immer wieder bringt Gott uns an diesen Punkt, um uns zu zeigen: »Denn getrennt von mir könnt ihr nichts tun« (Johannes 15,5).

Es ist ein Lernprozess. Aber ich möchte es immer und immer wieder wagen und nicht das Beste verpassen, weil ich Gott nicht zutraue, dass er mich auch zu der Aufgabe befähigen kann, die er mir vor die Füße legt.

Siehst du, wie klein wir Gott machen, wenn wir sagen: »Das kann ich nicht!«? Gott weiß auch, dass wir es alleine nicht schaffen. So hatte er auch Mose gleich mit dem Auftrag ein Versprechen mitgeliefert: »Ich werde dir helfen und dir zeigen, was du reden sollst« (Vers 12). Darauf kannst du dich verlassen! Gott wird dich nicht einfach alleine ins kalte Wasser werfen, sondern er steht hinter dir und hilft dir!

Ganz am Anfang der Geschichte – in Vers 2 – nimmt Gott einen alltäglichen Gebrauchsgegenstand von Mose, seinen Stab, und zeigt ihm, wie man damit »Zaubertricks« machen kann. Er benutzt etwas aus Moses ganz normalem, alltäglichem Leben, um damit ein Wunder zu vollbringen und Gott damit zu ehren. Genau das möchte

Gott auch mit unserem alltäglichen Leben machen. Wir müssen ihn nur machen lassen!

Gott stellt Mose hier auf eine harte Probe und sagt zu ihm: Jetzt fass die Schlange (die früher sein Stab war) mal am Schwanz an. Jeder Schlangenkenner weiß, dass man eine Schlange nie am Schwanz anfassen sollte, sondern immer direkt hinter dem Kopf, damit sie einen nicht beißen kann. Gott fordert uns manchmal auch zu etwas heraus, das wir »normalerweise« nie tun würden und was vielleicht auch total unlogisch ist, aber so möchte er unseren Glauben testen. Wenn wir ihm vertrauen, werden wir seine Kraft und seine Wunder sehen.

 ## Zum Nachdenken

Bei welchen Dingen in deinem Leben hast du zu Gott schon mal gesagt: »Das kann ich nicht!«?
Willst du es nicht doch mal probieren?

TAG 22:
AUF ADLERS FLÜGELN

Bibeltext: 5. Mose 32,11-12

Lies auch noch: 2. Mose 19,4

»Wie ein Adler, der seinen Jungen das Fliegen beibringt, über ihnen schwebt und sie auffängt, seine Schwingen ausbreitet und sie auf seinen Flügeln in die Höhe trägt, so führte der Herr sie; er allein, ohne fremde Götter.«

»Doch die, die auf den Herrn warten, gewinnen neue Kraft. Sie schwingen sich nach oben wie die Adler. Sie laufen schnell, ohne zu ermüden. Sie werden gehen und werden nicht matt.« Jesaja 40,31

Ich weiß nicht, wie gut ihr im Biologie-Unterricht aufgepasst habt. Eines weiß ich aber noch: Adler schützen ihre Jungen und setzen ihr Leben für sie ein. Obwohl es vor Kraft strotzende Tiere sind, sind sie doch sehr fürsorglich und gehen sehr behutsam mit ihren Kleinen um. Der Adler wird in der Bibel oft als ein Bild für Kraft und Stärke verwendet. Gott ist wie solch ein starker Adler; er verteidigt seine Kinder und beschützt und bewahrt sie. Aber er scheint manchmal ja auch sehr bösartige Dinge zu tun: Ein Adler scheucht die Jungen aus dem Nest… Das ist ja jetzt nicht so nett von dem Adler. Aber weißt du, was? Die Jungen brauchen genau das, damit sie das Fliegen lernen. Wenn sie immer nur in ihrem Nest sitzen und sich von ihren Eltern füttern lassen würden, dann wären sie irgendwann dick und fett und würden nie fliegen lernen.

Übertragen bedeutet das so viel wie: Fliegen lernen, bedeutet Glauben zu lernen. Gott möchte, dass wir im Glauben erwachsen werden und auch dann noch an ihm festhalten, wenn wir durch »ein finsteres Tal wandern« (vgl. Psalm 23,4). Um diesen Glauben zu festigen, muss uns Gott aber ab und zu aus unserem »Nest« werfen, aus unserer Bequemlichkeit heraus. Da kann es schon mal passieren, dass unser Leben einer Achterbahn gleicht. Aber das sollte uns nicht aus der Fassung bringen, denn genau diese Zeiten möchte Gott benutzen, um uns das »Fliegen« beizubringen (siehe auch Jakobus 1,2-4).

Und bei alldem gibt es keinen Grund, sich zu fürchten, denn der Vers geht ja noch weiter: »... sie auffängt, seine Schwingen ausbreitet und sie auf seinen Flügeln in die Höhe trägt.« Es stimmt tatsächlich: Du kannst nie tiefer fallen als in Gottes Hand. Er ist jederzeit da und wenn du es nicht mehr schaffst, dann ist er unter dir, damit du nicht abstürzt. In den Psalmen steht: »Vertraue auf mich, wenn du in Not bist, dann will ich dich erretten, und du sollst mir die Ehre geben« (Psalm 50,15).

Es ist so gut zu wissen, dass Gott durch und durch gut ist und dass er uns unendlich liebt. Und alles, was er tut, tut er aus Liebe zu uns. Manches mag uns sehr komisch vorkommen, aber vielleicht möchte Gott uns gerade durch diese Umstände stark machen. Er erzieht uns wie seine Kinder. (Lies dazu Hebräer 12,4-11.) Wenn wir Menschen unsere Kinder erziehen, weil wir sie lieben, dann werden wir trotzdem manchmal sehr streng sein müssen. Wir verbieten ja einem Kind nicht, auf der Straße zu spielen, weil wir es ärgern wollen, sondern weil wir es lieben.

Wie passt jetzt der zweite Vers da noch dazu? »Doch die, die auf den Herrn warten, gewinnen neue Kraft. Sie schwingen sich nach oben wie die Adler ...«

Es ist ein Versprechen Gottes: Wenn wir auf ihn vertrauen und im Glauben auf ihn schauen, dann werden wir nicht abstürzen. Es ist wie bei Petrus, der immer nur auf Jesus hätte schauen müssen und nicht auf die Wellen (siehe Matthäus 14,28 f.). Sobald wir unseren Blick von Gott abwenden, gehen wir unter. Wenn wir auf Gott vertrauen, wachsen uns die »Flügel«, die wir zum Fliegen brauchen. Wie der kleine Adler, der aus dem Nest geschubst wird, damit er das Fliegen lernt. Wenn wir fliegen wollen, dann müssen uns Flügel wachsen. Wenn wir Glauben lernen wollen, dann muss unser Vertrauen zu Gott wachsen. Wir müssen lernen, auf ihn zu vertrauen.

»So führte der Herr sie; er allein, ohne fremde Götter« (Vers 12). Wichtig ist, dass wir in allem Gott die Ehre geben. Manche sagen, dass »glückliche Umstände«, »Zufall« oder »starker Wille« sie vor dem Absturz bewahrt hat. In Wirklichkeit aber war es Gott, der sie aufgefangen hat. Deswegen: Sag Gott heute einmal »Danke« für all die Male, als er dich aufgefangen hat, als du abgestürzt bist!

Zum Nachdenken

Wie kann man unterscheiden, ob man gerade in einer Krise ist, die man sich selbst eingebrockt hat, oder ob man von Gott aus dem Nest geschubst wurde, um fliegen zu lernen?
Wo befindest du dich? Noch im Nest oder beim Fliegenlernen? Beim Absturz

oder bist du schon am Boden zerschmet-
tert?

Wann hast du dich in deinem Leben Gott
ganz nah gefühlt, wann ist dein Glaube am
meisten gewachsen? In den guten oder in
den schlechten Zeiten deines Lebens?

TAG 23:
SEI UNZUFRIEDEN!

Bibeltext: 1. Mose 32,27-29

»Doch Jakob erwiderte: ›Ich lasse dich nicht los, bevor du mich gesegnet hast!‹ ›Wie heißt du?‹, fragte der Mann. Er antwortete: ›Jakob.‹ ›Du sollst nicht länger Jakob heißen‹, sagte der Mann. ›Von jetzt an heißt du Israel. Denn du hast sowohl mit Gott als auch mit Menschen gekämpft und gesiegt.‹«

Wie geht es dir? Bist du noch hungrig nach Gott? Sehnst du dich danach, dass Gott etwas in deinem Leben ändert, oder bist du eigentlich ganz zufrieden damit, wie dein Leben läuft? Hast du genau so viel »Gott« in deinem Leben, dass es zwar genug ist, aber dass man ihn auch noch kontrollieren kann? Ich möchte dir heute ein paar Leute der Bibel vorstellen, die mit ihrem Christsein nicht zufrieden waren, die gesagt haben: Es muss doch mehr geben! Gott ist doch ein großer Gott! Leute, die Sehnsucht nach Gott hatten und die so ein Verlangen danach hatten, dass Gott handelt, dass sie so manches Aufsehen erregt haben. Unsere Gemeinden sind oft eingeschlafen, weil sie eine Art Gottesdienst gefunden haben, der ihnen angenehm ist und der funktioniert – ob mit oder ohne Gott. Viele haben sich damit abgefunden, dass Glauben wohl doch nicht so spannend und abenteuermäßig ist.

Ich möchte dir Mut machen, mit voller Kraft Gott nachzujagen! Es kann sein, dass du dabei sogar in Gemeindekreisen Anstoß erregst, weil du offen und ehrlich von deinem Hunger sprichst oder weil du zu begeistert von deinem Glauben bist. Das ist auch Jesus und seinen Jüngern passiert. Als Jesus auf einem Esel nach Jerusalem einzog, da feierten die Menschen ohne Ende und »fingen (alle seine Anhänger) an, Gott mit lautem Jubel für die großen Wunder zu loben, die sie gesehen hatten. ›Gepriesen sei der König, der im Namen des Herrn kommt! Friede in der Höhe und Ehre im höchsten Himmel!‹ Einige Pharisäer in der Menge forderten ihn auf: ›Meister, rufe deine Jünger zur Vernunft!‹ Doch er entgegnete ihnen: ›Würden sie schweigen, dann würden die Steine schreien!‹« (Lukas 19,37-40).

Ich möchte dir von einer Frau erzählen, die sich mit viel Mühe durch die Menschenmenge gequetscht hatte. Vielleicht hat sie auf ihrem Weg einige blöde Bemerkungen in Kauf nehmen müssen, weil sie den Leuten die Sicht versperrte. Aber im Gegensatz zu all den anderen Zuschauern um Jesus herum hatte sie die Erwartung, dass Jesus ihr Leben verändern könnte. Die genaue Geschichte kannst du in Lukas 8,42-48 nachlesen.

Die Bibel ist voll von radikalen Leuten, die gesellschaftliche Normen sprengten, um an Jesus heranzukommen. Menschen, die ihren Hunger nach dem übernatürlichen Gott nicht unterdrückt haben. Da wäre z. B. noch Zachäus. Der war so etwas wie ein Landtagsabgeordneter. Als er anfing, auf Bäume zu steigen, um Jesus sehen zu können, hat er wirklich für Aufsehen gesorgt. Aber Jesus besuchte ihn dafür zu Hause! Nachzulesen in Lukas 19,1-10.

Oder die Frau in Markus 14,3-9, die ein großes Festessen mit dem Ehrengast Jesus unterbricht, um Jesus ihre Dankbarkeit und Hingabe auszudrücken und ihm vor all den hoch angesehenen Theologen die Füße mit sehr teurem Öl salbt!

Ich wünsche mir, dass du ein »Israelit«, ein Gotteskämpfer wirst. Dass du eine gesunde, göttliche Unzufriedenheit in dir trägst, einen gesunden geistlichen Hunger nach mehr von Gott in deinem Leben. Kämpf mit Gott, ring mit ihm und sag: »*Ich lasse dich nicht los, bevor du mich gesegnet hast!*« (1. Mose 32,27). Schließ dich in dein Zimmer ein, nimm dir Zeit für Lobpreis und Gemeinschaft mit dem Chef und geh nicht, bevor du von ihm beschenkt wurdest.

Ich hab mal einen sehr interessanten Satz gehört: »Das Gute ist der Feind des Besten!« Bleib nicht bei einem »guten« Christsein stehen! Mach Jesus in deinem Leben so sehr zur Priorität, dass alles andere im Vergleich dazu wie Dreck aussieht (siehe dazu Philipper 3,8). Und Gott hat versprochen: »Wenn ihr mich sucht, werdet ihr mich finden; ja, wenn ihr ernsthaft, mit ganzem Herzen nach mir verlangt, werde ich mich von euch finden lassen…« (Jeremia 29,13 f.).

 ## Zum Nachdenken

Ein Buch, das mich sehr herausgefordert hat, ist: *Das Abenteuer, nach dem du dich sehnst* von John Ortberg, Gerth Medien.

TAG 24:
TOTE MATERIE

Bibeltext: Jeremia 18,1-6

>>Wie der Ton in der Hand des Töpfers, so bist du in meiner Hand.<<
Jeremia
18,6

Der Text von heute steht in Jeremia 18,1-6: >>Der Herr gab Jeremia eine weitere Botschaft. Er sprach: ›Geh zu der Werkstatt des Töpfers hinunter. Ich will dir dort etwas sagen.‹ Ich ging zur Töpferwerkstatt und traf den Töpfer an seiner Töpferscheibe an. Wenn ein Gefäß, an dem er arbeitete, seinen Erwartungen nicht entsprach, nahm er den Ton und formte daraus ein neues Gefäß daraus, bis es genau so aussah, wie er es haben wollte. Da sagte mir der Herr Folgendes: ›Israel, warum sollte ich es mit dir nicht genauso machen können wie dieser Töpfer? Wie der Ton in der Hand des Töpfers, so bist du in meiner Hand.‹<<

Ich glaube, unser Leben ist eine ständige Baustelle. Gott wird mit uns so schnell nicht fertig sein. Es wird ein lebenslanger Prozess sein, in dem wir Jesus ähnlicher werden. Gott ist der Schöpfer, und er weiß, wozu er uns geschaffen hat. Er ist der Künstler, der unser Leben, das Tongefäß, formt. Manchmal kommt es dann auch vor, dass der Töpfer ein entstehendes Gefäß nimmt, es noch einmal komplett zu einem Klumpen zusammenknetet, um daraus ein neues, ein noch schöneres Gefäß zu machen. Das sind die Momente, in denen wir es mit der Angst zu tun bekommen, weil wir nicht verstehen, was Gott in unserem Leben tut. Alles was wir sehen, ist ein Klumpen Ton auf der Drehscheibe.

Eigentlich könnten wir ganz ruhig bleiben, denn schließlich weiß der Schöpfer schon, was aus diesem Klumpen einmal werden wird. Es wird ein Gefäß entstehen, das dem Töpfer nützlich ist, das genau den Zweck erfüllt, zu welchem es geschaffen wurde. Ich finde es ein wenig anmaßend, wenn wir dem Schöpfer vorschreiben wollen, was er zu tun und zu lassen hat, und anfangen zu schimpfen, wenn wir nicht verstehen was er gerade in unserem Leben tut! Lies dazu mal Jesaja 45,9-13.

Gottes Gedanken sind einfach höher als unsere Gedanken: »›Meine Gedanken sind nicht eure Gedanken‹, sagt der Herr, ›und meine Wege sind nicht eure Wege. Denn so viel der Himmel höher ist als die Erde, so viel höher stehen meine Wege über euren Wegen und meine Gedanken über euren Gedanken‹« (Jesaja 55,8-9).

Als ich einmal eine Predigt über diesen Abschnitt hörte, wurde mir eines ganz neu bewusst: Ich bin nur der Ton. Ich kann mich selbst überhaupt nicht verändern, auch dann nicht, wenn ich mich noch so anstrenge. Ich bin tote Materie. Alles, was ich tun muss, ist bereit zu sein, um Gott an mir arbeiten zu lassen. Ich muss ständig in der Gegenwart des Töpfers sein, so dass er an mir arbeiten kann. Ich kann nur vertrauen, dass er es richtig machen wird und dass zu seiner Zeit etwas Schönes aus dem Klumpen Ton auf der Drehscheibe entsteht!

Lebst du heute mit dieser Einstellung: »Herr, du bist der Meister. Ich gebe alles in deine Hand. Mach aus mir, was dir gefällt!«?

Zum Nachdenken

Wenn Gott heute aus deinem Leben wieder einen Klumpen Ton machen würde – würdest du ihm trotzdem noch vertrauen? Darf Gott dich enttäuschen? Hält das eure Beziehung aus?

TAG 25:
DIE QUAL DER WAHL

Bibeltext: 5. Mose 30

»Hört mir zu! Heute stelle ich euch vor die Wahl zwischen Gut und Böse, zwischen Leben und Tod. … Dann werdet ihr zu einem großen Volk werden. Wählt doch das Leben, damit ihr und eure Nachkommen am Leben bleiben! … Ihr werdet dann lange in dem Land leben, das der Herr euren Vorfahren Abraham, Isaak und Jakob mit einem Eid versprochen hat.« 5. Mose 30,15.16.19.20

Um den Zusammenhang zu verstehen, lest ihr am besten das ganze Kapitel 5. Mose 30.

Tja, das ist nicht nur die Wahl, vor der das Volk Israel damals stand. Die gleiche Entscheidung hat jeder von uns Tag für Tag zu treffen. Lebe ich mein Leben bewusst mit und für Gott – oder wähle ich lieber das »Unglück«? Im Alten Testament war der Zusammenhang von Segen und Fluch sehr offensichtlich und spürbar. Wenn das Volk Gottes gehorsam war, dann schenkte Gott Segen; das Volk gewann alle Kriege, alle hatten genug zu essen und ihre Kinder waren gesund. Wenn sie aber anfingen, andere Götter zu verehren, dann strafte sie Gott mit Krankheiten und mit Feinden, die sie überfielen.

Im Neuen Testament ist dieses Prinzip nicht mehr so zu erkennen. Oft scheinen auch Menschen, die sich von

Gott abgewandt haben, sehr erfolgreich und gesund zu sein. Trotzdem glaube ich, dass das Versprechen Gottes noch gilt, dass er alle diejenigen segnen will, die sich treu auf seine Seite stellen. Und ich glaube, dass Gott uns heute an diesem Tag noch vor die gleiche Entscheidung stellt: Du hast die Wahl zwischen Glück und Unglück. Und wenn du denkst, dass, wenn du nur lange genug Christ bist, du diese Entscheidung nicht mehr treffen musst, dann irrst du dich. Es wird immer ein Kampf bleiben. Es ist die menschliche Natur, die ohne Gott leben und ihr eigener Herr sein möchte: »Die alte sündige Natur liebt es, Böses zu tun – genau das Gegenteil von dem, was der Heilige Geist will. Der Geist weckt in uns Wünsche, die den Neigungen unserer sündigen Natur widersprechen. Diese beiden Kräfte liegen in ständigem Streit miteinander, so dass ihr nicht das tun könnt, was ihr wollt« (Galater 5,17). Es ist eine Entscheidung, die wir jeden Tag zu treffen haben. Aber ich glaube, wir können üben und trainieren, uns jeden Tag neu für Gott zu entscheiden.

Was ist dein erster Gedanke, wenn du morgens aufwachst? Versuche doch einmal, deinen ersten Gedanken morgens zu einem Gebet zu formulieren: Jesus, ich möchte heute das Gute wählen, das du für mich bereithältst. Ich möchte dich wählen. Amen.

Kurz, aber gut. Und das Unglaubliche ist: Diese tägliche Entscheidung wird uns nicht nur in diesem Leben zugute kommen. In Matthäus 10,32 sagt Jesus selbst: »Wer sich hier auf der Erde öffentlich zu mir bekennt, den werde ich auch vor meinem Vater im Himmel kennen.« In alle Ewigkeit wird deine morgendliche Entscheidung etwas bewirken!

Zum Nachdenken

Was würde es für dein Leben heute konkret bedeuten, »das Gute« zu wählen?

TAG 26:
ZWEIFELN ERLAUBT!

Bibeltext: Johannes 20,24-31

Wer kennt dieses Gefühl nicht? Zweifel. Sie können einen wirklich auffressen. Ganz langsam von innen heraus. Ich frage mich, was Thomas in dieser einen Woche so alles durch den Kopf gegangen ist. Ganze sieben lange Tage musste er mit seinen Zweifeln leben. Alle anderen Jünger waren dabei, als Jesus ihnen erschienen war. Trotz der Tatsache, dass zehn Männer das Gleiche gesehen hatten, konnte Thomas es nicht glauben!

Thomas war drei Jahre mit Jesus durch das Land gereist, als einer der engsten Nachfolger von Jesus. Er war dabei, als Jesus über das Wasser ging und Tausende von Leuten mit ein paar Fischen satt machte. Er sah, wie Jesus Blinde heilte und wie er sogar Lazarus vom Tod zurückholte, obwohl er schon drei Tage im Grab gelegen hatte. All diese Wunder hatte Jesus getan und Thomas war live dabei gewesen. Trotzdem kann er nicht glauben, dass dieser gleiche Jesus auch fähig wäre, selbst wieder vom Tod zurückzukehren!

Ich bin mir ziemlich sicher, dass Thomas in dieser einen Woche des Zweifelns immer wieder gebetet hat: Gott, hilf mir zu glauben! Jesus tut ihm den Gefallen und kommt extra für ihn nochmals vorbei. Gleiches Spektakel: Durch die verschlossene Tür! Jesus nimmt die Zweifel des Thomas ernst und sagt dennoch: »Du glaubst, weil du mich gesehen hast. Gesegnet sind die, die mich nicht sehen und dennoch glauben.«

Zweifel sind erlaubt! Du kannst Gott ruhig ganz ehrlich und offen sagen, wo du Zweifel und Fragen hast. Damit wirst du Gott nicht aus dem Konzept bringen! Aber in gewissem Sinne wird Glaube immer Glaube bleiben. In Hebräer 11,1 steht: »Er (der Glaube) ist das Vertrauen darauf, dass das, was wir hoffen, sich erfüllen wird, und die Überzeugung, dass das, was man nicht sieht, existiert.« Das Gegenteil von Zweifeln ist also Glaube. Glaube bleibt Glaube und ist nur dann Glaube, wenn wir es nicht sehen. Erwarte nicht, dass Gott dir eine SMS schickt, in der alle deine Fragen beantwortet werden und mit der alle Zweifel weggewischt werden. Gott möchte, dass wir glauben!

Mich begeistert, dass Leute wie Thomas nicht aus der Bibel zensiert wurden. Die Bibel ist voll mit Leuten, die gezweifelt haben, die Menschen waren wie du und ich. Sie zeigt uns, dass Leute, die zweifeln, bei Gott nicht unten durch sind. In den letzten zwei Versen (Verse 30-31) sagt Johannes, warum er ein ganzes Buch über das Leben von Jesus geschrieben hat: »damit ihr glaubt...«. Johannes möchte dich mit seinem Buch ermutigen, deine Zweifel in Glauben zu verwandeln. Wie funktioniert das? »Und doch kommt der Glaube durch das Hören dieser Botschaft«, steht in Römer 10,17. Gottes Wort ist wie ein Hammer, der Felsen zerschlägt (Jeremia 23,29)! Es wird auch deine Zweifel in Luft auflösen.

 ## Zum Nachdenken

Schreibe einmal drei Dinge auf, wo es dir schwerfällt zu glauben, und dann bitte Gott konkret, diese Zweifel wegzunehmen.

TAG 27:
DU BIST EIN PRIESTER

Bibeltext: 1. Petrus 2,9

Du bist ein Priester! Hast du das gewusst? Tja, ist eine schöne Sache, ein Priester zu sein, oder? Aber was genau soll denn das heißen? Was meint denn Petrus, wenn er sagt, dass wir Priester sind? Ich hab mich mal schlau gemacht, was die Aufgaben eines Priesters im Alten Testament waren und was der so den ganzen Tag getrieben hat.

»Aber ihr seid anders, denn ihr seid ein auserwähltes Volk. Ihr seid eine königliche Priesterschaft, Gottes heiliges Volk, sein persönliches Eigentum. So seid ihr ein lebendiges Beispiel für die Güte Gottes, denn er hat euch aus der Finsternis in sein wunderbares Licht gerufen.« 1. Petrus 2, 9

»Er (Jesus), hat uns zu seinem Reich und zu seinen Priestern gemacht, um Gott, seinem Vater, zu dienen. Gebt ihm die Ehre bis in alle Ewigkeit! Er herrscht für immer und ewig! Amen.« Offenbarung 1,6

Ein Priester hatte mehrere Aufgaben: Er war so etwas wie ein Vermittler, ein Botschafter zwischen den Menschen und Gott. Seine Aufgabe war es, vor Gott für die Menschen einzutreten. Das tat er, indem er Tiere opferte, die anstelle der Menschen für deren Sünden sterben mussten. Er trat vor Gott und bat stellvertretend um Vergebung für die Menschen (siehe 3. Mose 9). Die Priester hatten es oft direkt mit dem allmächtigen Gott zu tun. Und da Gott absolut heilig ist, mussten die Priester auch ein besonders geheiligtes Leben führen (siehe 3. Mose 21,6).

Die Priester hatten aber nicht nur die Aufgabe, die Menschen bei Gott zu vertreten, sondern auch die Aufgabe, Gott bei den Menschen zu vertreten. Da niemand Gott sehen kann, hatten die Priester die Aufgabe, das, was Gott durch Propheten und durch sein Wort den Menschen mitgeteilt hatte, weiterzugeben, das Volk zu lehren und ihnen die Bibel zu erklären (3. Mose 10,11: »So könnt ihr die Israeliten alle Vorschriften lehren, die der Herr ihnen durch Mose gegeben hat.«). Neben vielen anderen Tätigkeiten waren die Priester z. B. auch dafür verantwortlich, das Volk zu segnen und ihnen Gottes Verheißungen zuzusprechen (siehe 4. Mose 6,22-27). Auch war es ihre Aufgabe, in schwierigen Zeiten das Volk zu ermahnen, fest auf Gott zu vertrauen (siehe 5. Mose 20,2).

Na, macht es »Klick«? Kannst du dir jetzt vorstellen, was Petrus meint, wenn er sagt, dass du ein Priester bist? Wir Christen haben heute genau die gleichen Aufgaben wie ein Priester damals (mit der kleinen Ausnahme, dass wir keine Tiere mehr schlachten müssen). Wir haben die Aufgabe, Gott hier auf der Erde zu vertreten: »So sind wir Botschafter Christi …« (2. Korinther 5,20). Wir sollen Zeugen dafür sein, dass er existiert (siehe Römer 1,16), und wir sollen Gottes Wort lehren und weitergeben (siehe 2. Timotheus 4,2).

Aber wir haben auch andersherum die Aufgabe, bei Gott für die Menschen um uns herum einzustehen und für sie zu beten (siehe Lukas 22,32).

Auch die Anforderungen, die an Priester gestellt wurden, gelten noch für uns. Wir sollen ein heiliges Leben führen (siehe Philipper 2,15). Die Ähnlichkeiten zwischen Christsein und dem Leben eines damaligen Priesters sind wirklich verblüffend. Auch was das Ermuntern und das Ermahnen, Gott zu vertrauen, angeht. Wir werden aufgefordert, heute noch genau das Gleiche zu tun (siehe 2. Timotheus 4,2 und Titus 2,15). Auch wir können heute noch die Menschen um uns herum segnen, indem wir ihnen von Gottes Verheißungen erzählen (siehe Römer 10,14f.).

Die Priester damals waren immer dem sogenannten Hohen Priester unterstellt. Der war ihr Chef. Auch wir haben heute einen Hohen Priester, der unser Chef ist. In Hebräer 4,14f. lesen wir: »Da wir nun einen großen Hohen Priester haben, der durch den Himmel gegangen ist – Jesus, den Sohn Gottes –, wollen wir an unserem Bekenntnis zu ihm festhalten. Dieser Hohe Priester versteht unsere Schwächen, weil ihm dieselben Versuchungen begegnet sind wie uns, doch er wurde nicht schuldig. Lasst uns deshalb zuversichtlich vor den Thron unseres gnädigen Gottes treten. Dort werden wir Barmherzigkeit empfangen und Gnade finden, die uns helfen wird, wenn wir sie brauchen.«

Jesus ist unser Chef, und ihm wollen wir als Priester der heutigen Zeit folgen und dienen!

Zum Nachdenken

Was ist eigentlich der Sinn des Lebens für einen Christen?
Wäre es nicht viel schöner für ihn, jetzt schon bei Gott im Himmel zu sein?
Lies noch einmal 2. Petrus 2,9: Wieso hat Gott uns wohl zu Priestern gemacht?

TAG 28:
MUSIK IM GEFÄNGNIS

Bibeltext: Apostelgeschichte 16,22-25 und Hiob 1,20

> »Sie wurden geschlagen und anschließend ins Gefängnis geworfen ... Gegen Mitternacht beteten Paulus und Silas und lobten Gott mit Liedern. Die übrigen Gefangenen hörten ihnen zu.«
> Apostelgeschichte 16,23.25

Am besten du liest heute mal die ganze Geschichte in Hiob 1–2,10 und Apostelgeschichte 16,16-34.

Es ist nicht ganz einfach, sich in Hiobs Situation hineinzuversetzen. Er muss unheimlich down gewesen sein. Auf einen Schlag alles zu verlieren, was man hat, Besitz und zehn Kinder – das ist mehr, als jeder Mensch ertragen kann. Und was macht Hiob? Er preist den Herrn!!! Ist das nicht der Wahnsinn! Er hatte verstanden, dass sein ganzes Leben sowieso nur existierte, weil Gott gnädig war, und alles, was er hatte, hatte er sich nicht selbst verdient. Hiob wusste, dass ihm alles von Gott geschenkt war. Deshalb kann Hiob trotz der unheimlichen Katastrophe Gott immer noch loben. Gott hatte ihm nichts weggenommen, sondern nur zurückgenommen, was er ihm gegeben hatte. Ich möchte die Gottesfurcht haben, die Hiob hatte. Er wusste: Gott ist souverän, er kann tun und lassen, was er will, auch wenn wir es nicht verstehen, denn schließlich ist er Gott. Lies mal Jesaja 45,7.

Gott ändert sich nie. Aber unsere Umstände ändern sich ständig. Das bedeutet aber nicht, dass Gott sich geändert hat. Er ist immer derselbe und egal, wie es mir geht, er verdient es immer, angebetet zu werden, weil er der Schöpfer und der Herrscher der Welt ist. Kannst du Gott dann noch preisen, wenn du voll im Loch sitzt?

Ich bin mir fast sicher, dass Paulus und Silas sich nicht gerade besonders gut fühlten, nachdem sie brutal misshandelt wurden. Ausgepeitscht, mit ihren Füßen in Holzblöcke gesperrt, saßen sie nun im tiefsten Gefängnis. Und was tun diese Verrückten? Sie loben Gott! Es kommt also wirklich nicht auf unsere äußeren Umstände an. Gott verdient es, angebetet zu werden, und zwar in jeder Lebenslage.

»Da stand Hiob auf und zerriss seine Kleider. Er schor sich den Kopf, warf sich vor Gott zu Boden und sagte: ›Nackt bin ich aus dem Leib meiner Mutter gekommen, und nackt werde ich sein, wenn ich sterbe. Der Herr hat mir alles gegeben und der Herr hat es mir wieder weggenommen. Gelobt sei der Name des Herrn!‹« Hiob 1,20

Und was passierte, nachdem sie Gott gelobt hatten? Gott schickte mal kurz ein Erdbeben, befreite sie so aus ihrer misslichen Lage und benutzte es auch gleich noch, um den Gefängniswärter und eventuell auch noch andere Gefangene zum Glauben an den lebendigen Gott zu führen.

Was lernen wir daraus? Es passiert was, wenn wir uns so hingeben wie Hiob oder Paulus und sein Kollege, und Gott bedingungslos preisen. Gerade dann, wenn es uns schlecht geht. Wenn ich das so lese, gibt es mir echt Mut, mich wie Hiob in Gottes Arme fallen zu lassen und zu sagen: Herr, ich möchte dich loben, egal was passiert. Denn ich weiß, dass du Gott bist, dass du mich unendlich liebst und du mich nie fallen lässt.

Zum Nachdenken

Wenn du heute etwas in deinen Tag mitnehmen willst, dann denk daran: Gott bleibt immer der Gleiche – egal, wie die Umstände sind – und er verdient immer dein Lob!

TAG 29:
KEIN TSUNAMI!

Bibeltext: Josua 10,12-14

Lies die Geschichte im Zusammenhang: Josua 10,9-15.

»An diesem Tag gab der Herr den Israeliten den Sieg über die Amoriter. Josua betete vor ganz Israel zum Herrn und er sagte: ›Möge die Sonne stillstehen über Gibeon und der Mond über dem Tal von Ajalon.‹ Da standen Sonne und Mond still, bis die Israeliten sich an den Feinden gerächt hatten. Wird dieses Ereignis nicht im Buch des Aufrichtigen beschrieben? Die Sonne blieb hoch am Himmel stehen. Sie ging etwa einen ganzen Tag nicht unter. Niemals vorher oder nachher hat es einen Tag gegeben, an dem der Herr eine solche Bitte eines Menschen erhörte. Denn der Herr kämpfte für Israel.«

Einen kleinen Ausflug in den Erdkunde-Unterricht: Heute wissen wir, dass nicht die Sonne sich um die Erde dreht, sondern dass die Erde sich um die Sonne dreht und der Mond wiederum um die Erde. Wenn also Sonne und Mond stehen bleiben – was müsste dann passiert sein? Richtig: Sowohl die Erdrotation als auch das Kreisen des Mondes um die Erde müssten abrupt aufgehört haben. Das wiederum müsste riesige Tsunamis ausgelöst und alles Gleichgewicht auf der Erde durcheinandergebracht haben! Trotzdem war es Gott möglich, dieses Wunder zu vollbringen. Er ist Herr über alle Naturgesetze. Er ist derselbe, der dem Wind und den Wellen Befehle gibt (Matthäus 8,26), der Schatten länger oder kürzer macht (2. Könige 20,8-11) und der Feuer vom Himmel fallen lassen kann (1. Chronik 21,26; 2. Könige 1,12; 1. Mose 19,24).

Die Bibel ist bis zum Rand gefüllt mit Berichten davon, dass Gott nichts unmöglich ist. Ich merke oft, wie ich einen zu kleinen Gott habe, dem ich nichts zutraue. Ich bete »ungefährliche« Gebete, die ich zur Not auch selbst beantworten kann. Kleine Gebete, weil ich Gott nicht zutraue, dass er große Gebete erhört. Aber wenn wir nie Übernatürliches von Gott erwarten, dann werden wir auch nie Übernatürliches erleben. Der Engel, der zu Maria kommt, um ihr zu sagen, dass sie schwanger ist, sagte: »Denn bei Gott ist nichts unmöglich« (Lukas 1,37). Und die drei Engel, die Abraham sagten, dass er einen Sohn bekommt, sagen: »Sollte dem Herrn etwas unmöglich sein?« (1. Mose 18,14). Die Engel wissen etwas, das wir auch wissen sollten: Gott ist nichts unmöglich! Wenn Gott das Rote Meer zerteilen kann (2. Mose 14,21 f.), wenn er Eisen schwimmend machen kann (2. Könige 6,6), wenn er den Löwen den Mund zuhalten kann (Daniel 6,23) und Fische Silbermünzen sammeln lassen kann (Matthäus 17,27), dann sind auch die Probleme in deinem Leben nicht zu groß für ihn. Gott ist nichts unmöglich!

Wie wir bei Elia schon gesehen haben, betet auch Josua hier den Willen Gottes. Denn Gott hatte ihm versprochen: »Hab keine Angst vor ihnen! Ich habe sie alle in deine Hand gegeben« (Vers 8). Und Josua hat nichts anderes getan, als ihn beim Wort genommen. »Dein Wille geschehe«, beten wir im Vaterunser. Aber was genau bedeutet das für dein Leben?

Zum Nachdenken

Bei welchen Dingen in deinem Leben
traust du Gott nicht zu, dass er dir helfen
könnte?

TAG 30:
ELVIS LEBT!

Bibeltext: Johannes 20,1-23

»Am Abend dieses ersten Tages der Woche trafen die Jünger sich hinter verschlossenen Türen, weil sie Angst vor den Juden hatten. Plötzlich stand Jesus mitten unter ihnen! ›Friede sei mit euch‹, sagte er.« Johannes 20,19

Wow! Welch verrückte Geschichte! Da wird ein religiöser Fanatiker hingerichtet und seine Anhänger sind völlig am Ende! Dann auf einmal entdecken sie, dass das Grab leer ist. Jemand muss die Leiche gestohlen haben, vermuten sie. Die ersten rennen so schnell sie können zum Grab, um sich selbst ein Bild von der Lage zu verschaffen. Johannes war wohl der Schnellere und kommt vor Petrus dort an. Tatsache! Das Grab ist leer. Die Leichentücher sogar sauber zusammengelegt.

Maria weint am Grab, sieht auf einmal zwei Engel und dann einen Gärtner, in dem sie Jesus wiedererkennt. Zu guter Letzt kommt Jesus selbst durch die verschlossene Tür zu den Jüngern.

Klingt alles etwas komisch. Umgestürzte Grabsteine, leere Gräber und Geister, die durch verschlossene Türen gehen. Klingt ein bisschen nach »Elvis lebt!«. Da wollten ein paar durchgeknallte Anhänger eines großen Führers einfach nicht wahrhaben, dass er tot war! Aber so war es nicht! Die Jünger wollten und konnten es selbst nicht glauben, dass Jesus tatsächlich vom Tod auferstanden ist!

Sie dachten wirklich, sie sähen ein Gespenst. Lies mal Lukas 24,36-43.

Jesus musste erst Beweise an den Tag legen, um ihnen zu zeigen, dass sie nicht träumten! »Fasst mich an und überzeugt euch; ein Geist hat doch nicht Fleisch und Knochen wie ich!«, sagte Jesus. Als das den Jüngern auch noch nicht reichte, sagte Jesus: Na gut! Habt ihr schon mal einen Geist gesehen, der etwas essen kann? »Habt ihr etwas zu essen da?« Sie reichten ihm ein Stück gebratenen Fisch, und er aß ihn vor ihren Augen« (Verse 41-43). Es ist anders als bei Elvis! Jesus ist tatsächlich auferstanden! Er hat sich zu erkennen gegeben und den Beweis angetreten, dass er wirklich lebt.

Und nicht nur seine Jünger haben ihn gesehen. Paulus schreibt im 1. Korintherbrief, dass über 500 Männer auf einmal Jesus gesehen haben. Weiter sagt er: »Wenn ihr das nicht glaubt, dann fragt doch diese Leute. Die meisten davon leben noch!« (vgl. 1. Korinther 15,6). Sogar die Römer und die Gegner von Jesus, die ihn umgebracht hatten, waren überzeugt davon, dass er lebt. Wenn Jesus noch in seinem Grab gelegen hätte, dann hätten die jüdischen Führer wohl kaum die Wachen mit Geld bestechen müssen. Keine römische Wache hätte freiwillig zugegeben, dass sie eingeschlafen waren. Auf solch ein Verhalten stand die Todesstrafe (nachzulesen in Matthäus 28,11-15)!

Was bedeutet dieser Text für mich? Was macht es für einen Unterschied für mein Leben im 21. Jahrhundert, ob Jesus auferstanden ist oder nicht? Wo liegt der Unterschied, ob Elvis lebt oder ob Jesus lebt? Paulus sagt: Mit der Tatsache, ob Jesus auferstanden ist oder nicht, damit steht und fällt mein ganzer Glaube. Wenn ich nicht daran glaube, dass Jesus auferstanden ist, dann ist mein Glaube völliger Quatsch, dann »sind wir die elendsten Menschen auf der Welt« (1. Korinther 15,19). Glaubst du, dass Jesus auferstanden ist und dass er heute im Himmel zur Rechten Gottes sitzt und für uns bei Gott eintritt? Er hört dich, wenn du betest! Er hat seinen Engeln befohlen, dass sie dich beschützen (Psalm 91,11), und der auferstandene Jesus wird eines Tages wiederkommen und jeder wird wissen, dass er lebt!

 ## Zum Nachdenken

Würde mein Leben anders aussehen, wenn Jesus nicht auferstanden wäre?
Was ändert sich in meinem Leben, wenn ich davon ausgehe, dass Jesus lebt?

SEI EIN VORBILD IN DEINER REINHEIT

> »Niemand soll dich gering schätzen, nur weil du jung bist. Sei allen Gläubigen ein Vorbild in dem, was du *lehrst*, wie du *lebst*, in der *Liebe*, im *Glauben* und in der *Reinheit*.«
> 1. Timotheus 4,12

Paulus ermutigt hier seinen Freund Timotheus sowohl dazu, im sexuellen Bereich in Reinheit zu leben, als auch mit reinen Motiven und einem aufrichtigen Herz sein Leben vor Gott zu leben! Es geht hier also nicht nur um »Keuschheit«, auch wenn das mit Sicherheit ein Punkt war, der Paulus wichtig war. Da Timotheus höchstwahrscheinlich in Ehelosigkeit lebte, ermahnt Paulus ihn in 1. Timotheus 5,2 auch, dass er mit jungen Frauen mit der nötigen Sorgfalt umgehen soll.

Aber in diesem Wort, das hier für Reinheit benutzt wird, geht es um mehr als nur um den Umgang mit Frauen. Es geht darum, ob unser Herz mit Gott im Reinen ist und ob unsere Motivation stimmt, die hinter unseren Taten steht. Die Frage der Motivation ist eine sehr wichtige und die Bibel sagt an mehreren Stellen, dass es nutzlos ist, manche Dinge zu tun, wenn wir sie aus der falschen Motivation heraus tun: »Wenn du einem Bedürftigen etwas gibst, posaune es nicht heraus, wie es die Heuchler tun, die in den Synagogen und auf den Straßen mit ihren Wohltaten angeben, nur um die Aufmerksamkeit auf sich zu ziehen!« (Matthäus 6,2).

Wir werden uns in den nächsten Tagen also hauptsächlich damit beschäftigen, wie wir in Reinheit vor Gott leben können, und was Paulus meinte, als er Timotheus ermutigte, allen ein Vorbild zu sein in seiner Reinheit.

TAG 31:
DER BADEZIMMERSPIEGEL UND GOTTES WORT

Bibeltext: Jakobus 1,22-25

»Aber es reicht nicht, nur auf die Botschaft zu hören – ihr müsst auch danach handeln! Sonst betrügt ihr euch nur selbst. Denn wer ihr nur zuhört und nicht danach handelt, ist wie ein Mensch, der sich im Spiegel betrachtet. Er sieht sich, geht weg und vergisst, wie er aussieht. Wer aber ständig auf das vollkommene Gesetz Gottes achtet – das Gesetz, das uns frei macht – und befolgt, was es sagt, und nicht vergisst, was er gehört hat, den wird Gott segnen.«

Habt ihr euch auch schon einmal gefragt, warum man eigentlich regelmäßig Bibel lesen soll? Jedes andere Buch liest man einmal und dann legt man es weg, weil man die Geschichten ja schon alle kennt! Warum soll man denn dann ausgerechnet die Bibel immer wieder lesen? Provokant könnte man es auch so sagen: Es reicht doch eigentlich, wenn du einmal im Jahr in den Spiegel schaust, oder? Dann weißt du doch schon, wie du aussiehst! Du brauchst doch nicht jeden Tag reinzuschauen! Die Bibel sagt uns, dass wir erst dann richtig erkennen, wer wir sind, wenn wir in Gottes Wort schauen und uns sehen, wie er uns sieht. Es ist in unserer heutigen Zeit total wichtig, dass wir regelmäßig in Gottes Wort reinschauen, damit wir wissen, wie unser Leben im Spiegel vor Gottes Wort aussieht. Es kommt nämlich in Wirklichkeit nicht darauf an, was die Zeitschriften dir zu sagen haben, was die im Fernsehen erzählen oder was deine Eltern über Gott denken. Es gibt nur einen Maßstab auf dieser Welt für Wahrheit. Und der ist Gottes Wort, die Bibel.

Deshalb ist es so superwichtig, dass wir uns das oft genug anschauen. Wie viel Zeit verbringst du mit Bibellesen und wie viel Zeit mit Fernsehen? Stimmen die Relationen? Je öfter und je länger wir in den Spiegel sehen, desto besser wissen wir, wie wir »aussehen«; wie wir unser Leben nach Gottes Maßstäben beurteilen können. Es scheint da ja eine Regel zu geben (und die gilt nicht nur für Mädels!): Je länger man vor dem Spiegel steht, desto schöner wird man! Ich glaube, beim Bibellesen ist es genauso: Je mehr Zeit wir mit Gott verbringen, umso mehr Zeit hat er, uns zu verändern, uns schöner zu machen. Und wie Make-up wird auch diese innerliche Schönheit Menschen auffallen.

Das Allerwichtigste steht jedoch gleich am Anfang unserer Verse heute. Es hilft alles Bibellesen nichts, wenn du es aus Pflichtbewusstsein immer morgens im Halbschlaf machst und dich an nichts mehr erinnern kannst, geschweige denn danach lebst! Nicht nur hören ist wichtig, sondern aus dem Hören sollte ein Handeln folgen, das unser und das Leben anderer verändert.

Bist du dir bewusst, was für ein Buch du da liest, wenn du in der Bibel liest? Es ist ein Brief von dem höchsten Wesen, das es gibt. Größer als jeder Politiker und größer als die Weltmeister des Sports. Tokio Hotel ist ein Dreck dagegen. Der Schöpfer des Universums hat dieses Buch verfasst. Und es ist eine Gebrauchsanweisung für unser Leben, die Schatzkarte zum ewigen Leben und ein fetter Liebesbrief von einem Vater an seine Kinder!

Fang an, die Bibel so zu lesen, als wäre jedes Wort, das da steht, extra von Gott für dich verfasst und aufgeschrieben. Denn es ist tatsächlich auch so. Es handelt sich hier nicht nur um ein Buch wie jedes andere, das man mal liest und wieder vergisst. Nein, dieses Buch wird dein Leben auf den Kopf stellen, wenn du das, was da steht, ernst nimmst, mit Gott lebst und dir Zeit nimmst, in den Spiegel von Gottes Wort zu schauen! Nächstes Mal, wenn du morgens vor dem Spiegel stehst, dann vergiss nicht, auch noch in den geistlichen Spiegel zu schauen, um zu sehen, wie du in Gottes Augen aussiehst!

 ## Zum Nachdenken

Fang an, dir wichtige Bibelverse in deinem Zimmer aufzuhängen und sie auswendig zu lernen. Wenn es sich lohnt, etwas auswendig zu lernen, dann ist es Gottes Wort!

TAG 32:
WAS IST IN DEINEM HERZEN?

Bibeltext: 1. Johannes 2,14-17

Das ist echt mal ein kerniger Text heute. Ich möchte dich gleich zu Anfang etwas fragen: Was ist in deinem Herzen? Ist es erfüllt von der Liebe Gottes oder ist es voll *»Gier nach allem, was unsere Augen sehen, und den Stolz auf unseren Besitz«*? In der Bibel finden wir einen Vers: »Denn immer bestimmt ja euer Herz, was ihr sagt. Ein guter Mensch spricht gute Worte aus einem guten Herzen, und ein böser Mensch spricht böse Worte aus einem bösen Herzen« (Matthäus 12,35).

»Ich habe euch jungen Männern geschrieben, weil ihr stark seid und Gottes Wort im Herzen tragt und weil ihr in eurem Kampf mit dem Satan gesiegt habt. Hört auf, diese Welt und das, was sie euch anbietet, zu lieben! Denn wer die Welt liebt, zeigt, dass die Liebe des Vaters nicht in ihm ist. Denn die Welt kennt nur das Verlangen nach körperlicher Befriedigung, die Gier nach allem, was unsere Augen sehen, und den Stolz auf unseren Besitz. Dies alles ist nicht vom Vater, sondern kommt von der Welt. Doch diese Welt vergeht mit all ihren Verlockungen. Aber wer den Willen Gottes tut, wird in Ewigkeit leben.«

Es kommt also auf das an, wovon unser Herz voll ist. Das Tolle ist: Es liegt in unserer Hand, wovon unser Herz voll wird. Oft ziehen wir uns ja allen möglichen Mist rein, schauen versaute Filme, spielen gewalttätige Computerspiele, sind mit unseren Freunden den ganzen Tag nur am Lästern und schauen schlechte Soaps anstelle unserer Stillen Zeit mit Gott. Ein schlauer Mensch hat mal gesagt: »Das, womit wir am meisten Zeit verbringen, prägt uns am meisten.« Mit was verbringst du die meiste Zeit? Ich weiß, dass wir auch als Christen keine »Super-Heiligen« sind und dass wir nicht in einer tollen, sündlosen Welt leben. Aber die Bibel sagt uns, dass wir, wenn wir zu Gott gehören, eine »neue Kreatur« sind (2. Korinther 5,17) und dass wir dann auch nicht mehr so leben sollen wie vorher. Wir werden das zwar nie aus eigener Kraft heraus schaffen, aber wenn wir aus der Kraft leben, die der Geist Gottes gibt, dann müssen wir nicht länger unseren selbstsüchtigen Wünschen folgen (Galater 5,16). Und die Bibel sagt sogar, dass wir noch Größeres tun werden als Jesus selbst: »Ich versichere euch: Wer an mich glaubt, wird dieselben Dinge tun, die ich getan habe, ja noch größere, denn ich gehe, um beim Vater zu sein« (Johannes 14,12).

Wir müssen bei uns immer wieder das Bild gerade rücken, »indem wir unsere Augen auf Jesus gerichtet halten, von dem unser Glaube vom Anfang bis zum Ende abhängt« (Hebräer 12,2). Denn alles in dieser Welt ist irgendwann mal nix mehr wert. Ruhm, Ehre, Geld, schöne Frauen/Männer ... alles das vergeht irgendwann. Das Einzige, was wirklich ewigen Bestand hat, ist unsere Beziehung zu Gott, denn wir werden einmal eine Ewigkeit bei ihm verbringen. Deswegen möchte ich dir Mut machen, dein Herz mit all den guten Dingen zu füllen, die von Gott kommen, »von Gott, der alle Lichter des Himmels erschuf. Anders als sie ändert er sich nicht, noch wechselt er zwischen Licht und Finsternis« (Jakobus 1,17).

Hierzu hab ich noch einen Bibelvers gefunden, der das Ganze gut auf den Punkt bringt. Er steht in Römer 12,2: »Deshalb orientiert euch nicht am Verhalten und an den Gewohnheiten dieser Welt, sondern lasst euch von Gott durch Veränderung eurer Denkweise in neue Menschen verwandeln. Dann werdet ihr wissen, was Gott von euch will: Es ist das, was gut ist und ihn freut und seinem Willen vollkommen entspricht.«

 ## Zum Nachdenken

Was ist in deinem Herzen?
Welche »selbstsüchtigen Wünsche« trennen dich von Gott?

TAG 33:
WIE EIN SILBERSCHMIED

Bibeltext: Maleachi 3,3

»Er wird sitzen und das Silber schmelzen und reinigen. Er wird die Leviten reinigen und sie läutern wie Gold oder Silber, sodass sie dem Herrn Opfer bringen, die ihm gefallen.« Maleachi 3,3

»Gott, du hast uns auch geprüft und uns gereinigt wie Silber im Schmelzofen.« Psalm 66,10

Lies auch folgende Bibelstellen: Sprüche 17,3, Jakobus 1,2-4 und Jesaja 48,10.

Eine Frau ging einmal zu einem Silberschmied, um besser verstehen zu können, was Gott meinte, wenn er davon sprach, unser Leben wie Silber zu reinigen. Als sie dem Silberschmied bei der Arbeit zuschaute, erklärte er ihr, wie man ein Stück Silber genau dort in die Flamme halten muss, wo sie am heißesten ist, um alle Verunreinigungen, die im Silber enthalten sind, herauszuschmelzen. Sie fragte den Schmied, ob er wirklich die ganze Zeit vor dem Ofen sitzen und das Silber beobachten müsse. Der Silberschmied erklärte ihr, dass er nicht nur die ganze Zeit dabeisitzen, sondern dass er es genau beobachten muss, da das Silber unbrauchbar wird, wenn es nur einen Moment zu lange im Feuer geläutert wird. Auf die Frage der Frau, wie er denn wüsste, wann das Silber ganz von Verunreinigungen gesäubert sei, antwortete der Silberschmied: »Oh, das ist sehr einfach: Sobald ich mein Spiegelbild darin erkennen kann!«

Die meisten von uns wünschen sich, im Glauben zu wachsen. Wir wünschen uns, dass Gott alle »Verunreinigungen« in unserem Leben wegräumt und dass wir Jesus immer ähnlicher werden. Wir singen von Herzen »Immer mehr von dir, immer mehr sein wie du, immer mehr …« und es ist schön zu sehen, wie sich Menschen danach sehnen, von Jesus verändert zu werden. Aber wir sind meistens sehr überrascht über die Arbeitsmethoden, die der Silberschmied (Gott) anwendet, um uns zu verändern. Bei Silber und Gold ist es so, dass die Verunreinigungen nach oben steigen, wenn man es erhitzt, und man so reines Gold und Silber erhält. Gott tut dasselbe: Er prüft unser Leben im »Feuer des Leidens«, wie Petrus sagt. Er stellt unser Leben auf die Probe, er stellt unseren Glauben auf die Probe, um zu sehen, ob er echt ist.

Dieses Bild vom Silberschmied, das Gott gebraucht, ist wunderschön: Er prüft uns, aber lässt uns keine Minute aus den Augen. Er möchte etwas Wunderschönes aus unserem Leben machen. Er möchte uns so lange reinigen, bis er sein »Spiegelbild« darin erkennen kann. Wenn

> »Dies dient nur dazu, euren Glauben zu prüfen, damit sich zeigt, ob er wirklich stark und rein ist. Er wird erprobt, so wie Gold im Feuer geprüft und geläutert wird – und euer Glaube ist Gott sehr viel kostbarer als bloßes Gold. Wenn euer Glaube also stark bleibt, nachdem er geprüft wurde, wird er euch viel Lob und Herrlichkeit und Ehre einbringen an dem Tag, an dem Jesus Christus der ganzen Welt offenbart werden wird.« I. Petrus 1,7

du also gerade das Gefühl hast, im »Feuer des Leidens« geprüft zu werden, dann halte durch, denn dein Glaube soll dadurch stärker werden. Und sei getröstet: Dem Silberschmied gerät nichts außer Kontrolle! »Doch Gott ist treu. Er wird die Prüfung nicht so stark werden lassen, dass ihr nicht mehr widerstehen könnt. Wenn ihr auf die Probe gestellt werdet, wird er euch eine Möglichkeit zeigen, trotzdem standzuhalten« (1. Korinther 10,13).

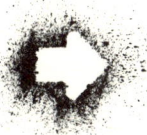 ## Zum Nachdenken

Welche »Verunreinigungen« gibt es in deinem Leben noch, die der Silberschmied reinigen muss?

TAG 34:
KEINE MASKEN!

Bibeltext: Jesaja 1,11-19

Lies einmal den ganzen Text in deiner Bibel!

»»Warum bringt ihr mir so viele Opfer?«, spricht der Herr. … ›Hört auf, mir solche verlogenen Opfer zu bringen. … Sie sind mir zuwider. Sie belasten mich. Ich bin es leid. …‹, Wenn ihr nun eure Hände erhebt, werde ich meine Augen von euch abwenden. Betet, so viel ihr wollt, ich werde nicht hinhören. Eure Hände sind blutbefleckt. Wascht euch, reinigt euch! Schafft mir eure bösen Taten aus den Augen. Hört auf, Schlechtes zu tun und lernt, Gutes zu tun. … Eure Sünden mögen blutrot sein, doch sie sollen werden wie Wolle. Wenn ihr mir bereitwillig gehorcht, werdet ihr die Früchte des Landes essen.«« aus Jesaja 1,11-19

Gott hat sich nicht geändert. Er ist immer noch der gleichen Meinung. Es geht ihm absolut nicht darum, dass wir jeden Sonntag in die Kirche gehen, täglich unsere Stille Zeit machen, unser Geld in die Mission geben und so weiter. Gott kommt es auf das Herz an! Was Gott hier durch Jesaja sagt, ist: Wenn ihr immer noch an euren Sünden festhaltet, dann könnt ihr noch so viele Opfer bringen und so religiös sein wie ihr wollt – ich finde euch immer noch zum Kotzen.

Gott gibt nicht viel auf unsere guten Taten, wenn sie aus der falschen Herzenseinstellung heraus geschehen und wenn wir trotzdem ein sündiges Leben führen. Wir können ihm nix vormachen. In 1. Samuel 16,6 sagt Gott: »Der Herr entscheidet nicht nach den Maßstäben der Menschen! Der Mensch urteilt nach dem, was er sieht, doch der Herr sieht ins Herz.« Du kannst also nach außen noch so ein lammfrommes Leben führen und trotzdem innerlich gegen Gott rebellieren. Gott weiß davon, denn er sieht dir ins Herz. Ihn kannst du weder täuschen noch beeindrucken. Das einzige »Opfer«, das Gott gefällt, ist, wenn wir erkennen, dass wir schlechte Menschen sind, und dass wir Gottes Vergebung dringend nötig haben. Auch David hat das kapiert: »Das Opfer, das dir gefällt, ist ein zerbrochener Geist. Ein zerknirschtes, reumütiges Herz wirst du, Gott, nicht ablehnen« (Psalm 51,19).

In Vers 15 finden wir einen möglichen Grund, warum Gott vielleicht unsere Gebete nicht erhört. Solange wir noch Sünde in unserem Leben haben, solange noch »Blut an unseren Händen klebt«, solange wir Schuld in unserem Leben haben, die wir noch nicht vor Gott bekannt haben, solange hält Gott sich Augen und Ohren zu. Wenn du also das Gefühl hast, dass deine Gebete nur bis zur Zimmerdecke kommen, dann überprüfe dein Leben, ob Gott vielleicht einen Grund hat, nicht auf dein Gebet zu hören. In Vers 18 und 19 scheint dann zum Glück auch Gottes Güte und Erbarmen durch. Er sagt: Obwohl eure Hände mit Blut und Schuld beschmiert sind und obwohl ihr echt viel Dreck am Stecken habt, trotzdem will ich euch einen Neuanfang schenken und euch wieder weiß wie Schnee machen. So ist Gott. Bei ihm gibt es immer eine zweite Chance. Auch 1. Johannes 1,9 sagt, dass Gott uns immer und immer wieder verzeihen wird, wenn wir bereuen, was wir falsch gemacht haben.

Zum Nachdenken:

Worauf legt Gott am meisten Wert? Ist ein reines Herz auch deine oberste Priorität?
Du kannst heute wieder neu mit Jesus auf einem weißen Blatt Papier anfangen. Lebe so, wie es Gott gefällt, denn ihm kannst du nix vormachen. Er kann es nicht leiden, wenn wir religiöse Masken aufsetzen.

TAG 35:
WIE DIE KINDER

Bibeltext: Markus 10,15

»Ich versichere euch: Wer nicht solchen Glauben hat wie sie, kommt nicht ins Reich Gottes.«

Wie sind kleine Kinder? Sie denken nicht viel nach, probieren alles aus und haben wenig Angst – jedenfalls dann nicht, wenn Papa oder Mama in der Nähe sind. Hast du zum Beispiel schon mal ein Kind beobachtet, das auf irgendetwas raufgeklettert ist? Wenn dann der große Papa kommt, die Arme aufhält und sagt: »Spring, ich fang dich auf!«, dann lassen sich die meisten Kinder ohne große Probleme und oft mit einem breiten Grinsen im Gesicht in die Arme des Vaters fallen. Papa wird sie schon auffangen, daran gibt es keinen Zweifel.

Genau dieses Bild benutzt Jesus hier. Er ist gerade dabei, die erste Kinderstunde in der Kirchengeschichte zu halten. Die Jünger finden das ziemlich nervig und wollen die Kinder schon wegschicken, als Jesus sie aufhält und die Jünger in große Verlegenheit bringt: Diese kleinen, sorglosen Rotznasen mit ihrem riesengroßen Vertrauen sind ein Beispiel dafür, wie wir uns Gott gegenüber verhalten sollen. Wer Gott nicht ebenso vertraut wie Kinder ihrem Vater, der wird nie erfahren, wie es ist, von ihm geliebt, umsorgt und bewahrt zu sein. Gut, wer in die Sonntagsschule oder den Kindergottesdienst gegangen ist, der wird diese Geschichte und auch die ganze Sache mit dem Vertrauen schon mehr als einmal gehört haben. Und eigentlich ist es ja auch keine schwere Sache, jemandem Vertrauen entgegenzubringen, der die Welt in seinen Händen hält und absolut immer den Überblick behält…

Aber ist es wirklich so einfach? Was ist, wenn dieses Vertrauen konkret werden soll und unser Papa im Himmel uns wirklich herausfordert zu springen? Was ist, wenn ich gesündigt habe und es mir hinterher wirklich leidtut, so dass ich Gott um Vergebung bitte – kann ich dann glauben, dass Gott mir wirklich vergibt, auch wenn mein Gewissen mir etwas ganz anderes sagt (1. Johannes 3,20)? Was ist, wenn ich mich um eine wirklich große Entscheidung in meinem Leben sorge – wird es für mich dann praktisch, dass ich alle meine Sorgen auf Gott werfen kann (1. Petrus 5,7)? Was ist, wenn meine Freunde mich im Stich gelassen haben und ich mich absolut allein fühle – halte ich dann trotzdem an dem Glauben fest, dass Jesus mich nie verlassen wird (Hebräer 13,5)?

Kinder haben einen großen Vorteil: Sie sehen die Arme, in die sie springen. Dass diese sie allerdings wirklich auffangen, erleben sie erst, wenn sie den Sprung gewagt haben. Gott verlangt nichts Unmögliches von uns. Er, der die Wahrheit in Person ist, hat feste Zusagen und Versprechen gemacht. Er wünscht sich nichts mehr, als dass wir darauf vertrauen. Wir sehen zwar nicht die Arme, in die wir springen, aber wir werden ihre Tragfestigkeit spüren, wenn wir springen. Und das Geniale an der Sache ist: Wir tun Gott damit keinen Gefallen, sondern uns selbst. Für das Kind ist der Sprung in die rettenden Arme des Vaters oft der einzige Weg, um von dem Baum, auf den es geklettert ist, wieder heil herunterzukommen. Genauso werden auch wir nur dann erleben, was es für unser Leben bedeutet, dass Gott uns geniale Versprechen gemacht hat, wenn wir uns voll Vertrauen darauf einlassen. Und was kann es Besseres geben, als zu erleben, dass Gott für uns sorgt, uns nie verlässt, uns den Sieg gibt, unsere Hilfe ist, uns von Schuld befreit und uns ewiges Leben schenkt?!

Zum Nachdenken

Eine Eigenschaft von Kindern ist, dass sie sich problemlos beschenken lassen können. Sie machen sich nicht gleich Gedanken, wie sie sich revanchieren könnten oder ob sie das Geschenk überhaupt verdient haben. Sie nehmen es einfach und freuen sich. Kannst du Gottes Geschenke annehmen und glauben, dass du nichts dafür tun musst, oder versuchst du, sie dir z. B. durch »gute Taten« zu erarbeiten? Die Jünger wollten die Kinder eigentlich wegschicken, weil sie es in ihren Augen nicht wert waren, die Zeit von Jesus in Anspruch zu nehmen. Überlege dir einmal, ob du nicht auch manchmal Leute davon abhältst, zu Jesus zu kommen, weil ihr Verhalten nicht deinen Vorstellungen entspricht oder weil du sie für unnütz hältst? Bitte Gott, dir zu zeigen, wie er die Menschen sieht, damit du in ihnen wertvolle und geliebte Geschöpfe Gottes sehen kannst!
Hier sind noch ein paar Verheißungen, die Gott uns gegeben hat. Schlag die unten stehenden Bibelstellen einmal nach und

überlege dir, was sich in deinem Leben ändern würde, wenn du diesen Versprechen wie ein Kind Vertrauen schenken würdest!

- Philipper 4,13
- 2. Timotheus 1,7
- Philipper 4,19
- 1. Johannes 4,4
- Johannes 16,33
- Römer 3,22

TAG 36:
EIN HEILIGER GOTT

Bibeltext: 2. Samuel 6,1-23

Unser heutiger Text ist in 2. Samuel 6,1-23 zu finden. Wenn dich die Story interessiert, dann kannst du auch noch 2. Mose 25,10-22 und 1. Samuel 5,1 bis 7,1 lesen.

> 2. Samuel 6,6-7: »Doch als sie zur Tenne von Nachon kamen, stolperten die Rinder und Usa streckte die Hand aus, um die Lade Gottes festzuhalten. Da wurde der Herr zornig auf Usa, weil er das getan hatte, und Gott tötete ihn, sodass er dort neben der Lade des Herrn starb.«

Was können wir aus dieser verrückten Geschichte lernen? Wir haben zwei Hauptpersonen in dieser Geschichte, die beide einen Fehler machen. Da haben wir einmal Usa. Er war der Sohn Abinadabs, bei dem die Bundeslade die letzten 20 Jahre gestanden hatte, nachdem die Feinde sie reumütig zurückgebracht hatten (1. Samuel 5). Usa war quasi mit der Bundeslade aufgewachsen. Doch nun bricht sie ihm, im wahrsten Sinne des Wortes, das Genick.

Ich glaube, es ging ihm ähnlich wie manchen von uns, die in einem christlichen Elternhaus aufgewachsen sind. Gott ist uns so vertraut, dass wir ihn überhaupt nicht mehr ernst nehmen, dass er uns überhaupt nicht mehr heilig ist. Ich glaube, Usa war so vertraut mit der Bundeslade, dass er vergaß, dass sie die Gegenwart

Gottes repräsentierte und absolut heilig war. Ist krass, wie Gott hier reagiert, aber ich glaube, das soll uns eine Warnung sein. Gott ist und bleibt ein heiliger Gott und wir haben manchmal die gebotene Ehrfurcht vor ihm verloren.

Die zweite Hauptperson, die einen Fehler begeht, ist David. Er war der mächtigste König, den Israel je hatte. Er war ein Nationalheld. Er konnte Kriege führen, Lieder schreiben und lebte in leidenschaftlicher Hingabe an Gott. Dennoch macht er hier einen Fehler. Gott hatte genau angeordnet, wie die Bundeslade zu transportieren war (2. Mose 25,14). Aber David setzte sich einfach darüber hinweg und machte es, wie er es für richtig hielt. Eigentlich hätte die Bundeslade von den Leviten die ungefähr 13 Kilometer getragen werden sollen. Aber David hielt das wohl für altmodisch und dachte, dass solch ein Holzkarren die Sache doch unheimlich erleichtern würde, da die Bundeslade auch nicht ganz leicht war. Auch David hatte hier wohl mal kurz vergessen, dass er es mit einem heiligen Gott zu tun hat und dass man besser tun sollte, was der sagt.

Aber machen wir es nicht oft genau wie David? Wir machen die Dinge so, wie wir sie für richtig halten, und so, wie sie am einfachsten sind und am wenigsten Aufwand kosten. Aber Gott möchte nicht, dass wir immer den einfachsten Weg gehen. Er möchte, dass wir seinen Weg gehen. Im zweiten Anlauf hat David dann auch einiges anders gemacht. Er ließ die Lade von den Leviten tragen, wie Gott es angeordnet hatte, und er machte gleich nach den ersten sechs Schritten eine Pause, um Gott Opfer zu bringen und ihm zu danken. Man könnte den Text sogar so verstehen, dass er sie alle sechs Schritte anhalten ließ, um zu opfern. Das wären dann eine Menge Opfer gewesen. Ich glaube, auch wir sollten manchmal anhalten und Gott »opfern«. Das bedeutet nicht, die Katze vom Nachbarn zu schlachten, sondern einfach mal Gott »Danke« zu sagen und uns neu bewusst zu machen, mit welch heiligem Gott wir es hier zu tun haben.

 ## Zum Nachdenken

Im Neuen Testament wird Gott doch als liebender Vater bezeichnet. Warum sollten wir uns dann vor ihm fürchten?
Was genau ist »Ehrfurcht«?

TAG 37:
KOSTBARE ANBETUNG

Bibeltext: Johannes 12,3

Lies die ganze Geschichte in Johannes 12,1-8!

»Da nahm Maria ein zwölf Unzen fassendes Fläschchen mit kostbarem Nardenöl, salbte Jesus mit dem Öl die Füße und trocknete sie mit ihrem Haar. Der Duft des Öls erfüllte das ganze Haus.«

Bin ich bereit, Gott so anzubeten, wie Maria das hier tat? Mit allem, was ich habe? Maria war so glücklich über das, was Jesus in ihrem Leben getan hatte, dass sie bereit war, ihm alles zu geben, was sie hatte. Ein Silberstück war damals ungefähr ein Tageslohn. Judas sagt, man hätte das Öl für 300 Silberstücke verkaufen können. Das war fast ein ganzes Jahreseinkommen! Sie hat Jesus echt alles gegeben. Es war damals etwas völlig Normales, dass man geladene Gäste salbte, aber nie die Füße. Das war ein Zeichen von Marias Unterwerfung und Demut Jesus gegenüber! Das Salben wurde im Alten Testament hauptsächlich bei Königen und Priestern angewandt. Maria salbt Jesus genau zur richtigen Zeit (vor dem Einzug nach Jerusalem) zum König. Mit der Salbung begann die Herrschaft eines Königs. Jesus wurde unser aller König durch seinen Tod in Jerusalem und seinen Sieg über die Sünde!

Wenn die Parfümflasche einmal zerbrochen war, musste man alles aufbrauchen. Man musste den Kopf der Flasche abbrechen, um das Parfüm auszugießen. Bei Jesus gilt: Alles oder nichts. Lauwarme Christen gibt es nicht! Maria gab alles, was sie hatte, für Jesus und es war ihr egal, was andere dazu sagen würden. Bete ich Jesus mit der gleichen Hingabe an? Oder ist es mir dann doch manchmal wichtiger, wie die anderen über mich denken? Stehen mein Ruf, meine Karriere und mein Stolz zwischen mir und Gott? Wenn wir Gott so voller Hingabe anbeten, dann könnte es passieren, dass Leute uns das übel nehmen. Sogar die Jünger von Jesus haben sich darüber aufgeregt, wie Maria Jesus so ihre Liebe erwies. Es könnte sein, dass die Kritik sogar aus den eigenen, frommen Kreisen kommt.

»Der Duft des Öls erfüllte das ganze Haus.« Wenn wir Gott loben, dann verbreitet sich das sehr schnell, und bald kann man es überall riechen. Jesu Parfüm! »Das Evangelium verbreitet sich wie ein wohlriechendes Parfüm!« (vgl. 2. Korinther 2,14).

Sei ein Vorbild mit einem reinen Herzen, das bereit ist, Gott zu dienen, auch wenn der Preis dafür manchmal hoch ist!

 ## Zum Nachdenken

Wie kannst du heute deine Liebe zu Jesus zum Ausdruck bringen?

TAG 38:
DAS MONSTER, DAS MAN STOLZ NENNT

Bibeltext: 1. Petrus 5,5-6

»»Gott stellt sich den Stolzen entgegen, den Demütigen aber schenkt er Gnade‹!« 1. Petrus 5,5b

Am Abend des 31. August 1986 machte sich das große sowjetische Kreuzfahrtschiff »Nakhimov« auf den Weg über das Schwarze Meer. Das 191 Meter lange Passagierschiff war das Vorzeigeschiff des Schwarzen Meeres und wurde in den 50er-Jahren gebaut. Es transportierte 884 Passagiere und 346 Angestellte auf seinem Weg nach Odessa. Kurz nach 23 Uhr wurde ein 50 000 Tonnen schweres Frachtschiff auf Kollisionskurs gemeldet. Man schickte Warnungen an das Frachtschiff mit der dringenden Bitte, den Kurs zu ändern. Aber der Kapitän unternahm nichts. Um 23:20 Uhr, als die meisten Passagiere schon zu Bett gegangen waren, kollidierte das Passagierschiff mit dem Frachtschiff und sank innerhalb von acht Minuten. 448 Menschen starben bei diesem Unglück.

Bei der Untersuchung dieser Tragödie stellte man fest, dass der Grund des Unglücks weder dichter Nebel noch Radarausfall gewesen sei, sondern der Stolz und die Dickköpfigkeit der beiden Kapitäne. Beiden Kapitänen war bewusst, dass sie sich auf Kollisionskurs befanden, aber keiner wollte dem anderen die Vorfahrt lassen. Bis die Kapitäne ihren Stolz überwunden hatten, war es schon zu spät. 448 Menschen mussten sterben.

Stolz kann im wahrsten Sinne des Wortes tödlich sein. Nicht immer enden stolze Menschen wie diese beiden Kapitäne, die durch ihren Dickkopf 448 Menschen töteten. Aber eines sagt die Bibel sehr klar: Stolz zerstört! Und Stolz zerstört sowohl unsere Beziehung zu Gott als auch unsere Beziehung zu unseren Mitmenschen!

Lies noch einmal 1. Petrus 5,5-6.

Gott hat was gegen stolze Leute. Folglich kannst du keine Gemeinschaft mit Gott haben, wenn du ein stolzer Mensch bist. »Der Herr verachtet den Stolzen; sicher ist, dass er seine Strafe bekommt« (Sprüche 16,5). Das sind schon sehr deutliche Worte, die Gott hier verwendet.

Kent Crockett hat einmal gesagt: »Stolz sagt zu sich selbst: Mein Wille geschehe. Demut sagt zu Gott: Dein Wille geschehe.« Es gibt also einen ganz einfachen Test, um herauszufinden, ob du ein »Stolz-Problem« in deiner Beziehung zu Gott hast. Betest du »Mein Wille geschehe« oder betest du »Dein Wille geschehe«? So offenbart sich, wer in deinem Leben im Mittelpunkt steht: Du oder Gott. Und ich glaube, Stolz in unserem Herzen entsteht immer dann, wenn wir selbst der Mittelpunkt unseres Lebens sind!

»Demütig dienen« heißt einfach so viel wie: Gott Gott sein lassen. Zu sagen: Du bist der Mittelpunkt meines Lebens! Was du sagst, das zählt. Auch dann, wenn ich es nicht verstehe. So wie ein Petrus mitten am Tag fischen geht. Nicht weil er es für sinnvoll hält, sondern weil er demütig ist und sagt: Auch wenn ich es nicht verstehe, aber auf dein Wort hin will ich es tun. Demut gegenüber Gott hat mit bedingungslosem Gehorsam zu tun. Lebst du in diesem bedingungslosen Gehorsam? Bist du ein Vorbild in deiner Reinheit des Herzens? Würdest du, wie Abraham, auf Gottes Wort hin in ein fremdes Land ziehen? Würdest du deinen Sohn auf einem Altar opfern?

Würdest du alles stehen und liegen lassen und Jesus nachfolgen wie die Jünger?

Aber Stolz zerstört nicht nur meine Beziehung zu Gott, sondern auch die Beziehungen zu meinen Mitmenschen leiden unter diesem Monster! Bud Robinson hat einmal gesagt: »Stolz ist die einzige der Menschheit bekannte Krankheit, die alle krank macht, außer den, der sie hat!«

Lies dazu einmal die Geschichte in Matthäus 20,21-28.

Es ist immer etwas faul, wenn erwachsene Kerle ihre Mutter vorschicken, um etwas zu fragen. In diesem Abschnitt kommt das Wort »Stolz« zwar gar nicht vor, aber trotzdem sehe ich es als das Grundproblem in dieser Geschichte. Jakobus und Johannes wollten sich selbst in den Mittelpunkt stellen. Und was passiert als Folge ihres Stolzes? Ihre zehn besten Kumpels sind sauer auf sie, weil sie so eingebildet sind. Genau das tut Stolz: Es zerstört die Beziehungen zu unseren Mitmenschen! Als ich diese Geschichte so gelesen habe, dachte ich mir: Ich bin ja mal gespannt, wie Jesus auf so eine dreiste Frage antwortet.

Und die Antwort von Jesus bringt die Sache auf den Punkt: »Ihr wisst, dass in dieser Welt die Könige Tyrannen sind und die Herrschenden die Menschen oft ungerecht behandeln. Bei euch soll es anders sein. Wer euch anführen will, soll euch dienen, und wer unter euch der Erste sein will, soll euer Sklave werden.«

Zum Nachdenken

Hier ein kleiner »Stolz-Test«. Trifft etwas davon auf dich zu?

- Verkümmertes Gebetsleben: Wir sind zu stolz und wollen nicht auf Gottes Hilfe angewiesen sein.
- Ausgebrannt sein: Ist die Folge davon, wenn wir denken, wir müssen alles selbst schaffen. Wenn wir zu stolz sind, Hilfe von Gott oder anderen Menschen in Anspruch zu nehmen.
- Kritiker und Besserwisser: Stolze Menschen sind meist Kritiker, die an allem etwas auszusetzen haben und zu allem ihren Senf geben müssen.
- Ungeduld: Stolze Menschen tun sich schwer, geduldig jemandem zuzuhören, eine andere Meinung stehen zu lassen oder auf etwas zu warten.
- Unterordnen: Stolzen Menschen fällt es schwer, sich anderen unterzuordnen und anderen zu dienen.

TAG 39:
PSSSST! IN DER STILLE LIEGT DIE KRAFT!

Bibeltext: Psalm 46,11

»Hört auf und erkennt, dass ich Gott bin!«

»Da sprach der Herr zu ihm: ›Geh hinaus und stell dich auf den Berg vor den Herrn, denn der Herr wird vorübergehen.‹ Zuerst kam ein heftiger Sturm, der die Berge teilte und die Felsen zerschlug, vor dem Herrn her. Doch der Herr war nicht im Sturm. Nach dem Sturm bebte die Erde, doch der Herr war nicht im Erdbeben. Und nach dem Erdbeben kam ein Feuer, doch der Herr war nicht im Feuer. Und nach dem Feuer ertönte ein leises Säuseln. Als Elia es hörte, zog er seinen Mantel vors Gesicht, ging nach draußen und stellte sich in den Eingang der Höhle.« I. Könige 19,11-13

Geht es euch manchmal auch so, dass ihr von Gott hören wollt, und ihr erwartet, dass er mit lautem Donnern und ganz unmissverständlich zu euch redet? Mir ging es schon oft so, dass ich vergeblich auf den lauten Knall gewartet habe und irgendwann feststellen musste, dass Gott nicht im Gewitter, Feuer oder Erdbeben zu finden ist, sondern dass wir unsere Ohren spitzen müssen, wenn »ein leiser Hauch« kommt. Gott ist in der Stille zu finden und er möchte, dass wir vor ihm still werden. Vielleicht wäre es mal gar nicht schlecht, eine Stille Zeit zu haben, in der wir wirklich still sind und nicht andauernd Gott die Ohren vollheulen mit unseren Gebetsanliegen. Vielleicht wäre es sogar gut, jetzt einfach mal das Buch zur Seite zu legen und die Ohren zu spitzen.

Geben wir Gott überhaupt die Möglichkeit, in Ruhe zu uns zu reden, oder haben wir gar keine Zeit, um von ihm zu hören? Oder wollen wir vielleicht gar nicht hören, was Gott zu sagen hat, weil es eventuell unser Leben verändern könnte? Wenn ich ganz ehrlich bin, dann bin ich oft so wie Jona und versuche, vor Gott davonzulaufen. Ich weiß, es gibt etwas in meinem Leben, das momentan nicht in Ordnung ist, und ich versuche einfach, Gott »zu vermeiden«. Ich bin dann auf einmal so beschäftigt, dass ich keine Zeit mehr für Stille Zeit oder den Gottesdienst habe, sodass ich kein schlechtes Gewissen bekomme und Gott mich nicht von meiner Schuld überzeugen kann.

Noch etwas ist bei Elia zu erkennen: Als er den leisen Hauch hört und weiß, dass Gott da ist, tritt er hinaus in den Eingang der Höhle. Es ist der Schritt von unserer Seite her auf Gott zu, um sein Reden zu hören. Jesus sagt, dass er immer vor der Tür steht und anklopft, aber es liegt an uns, ihm auf sein Klopfen zu antworten und die Türe aufzumachen. Offenbarung 3,19-20: »Wen ich liebe, den weise ich zurecht und erziehe ihn streng. Bleibe nicht gleichgültig, sondern kehre um! Siehe, ich stehe vor der Tür und klopfe an. Wenn jemand mich rufen hört und die Tür öffnet, werde ich eintreten, und wir werden miteinander essen.«

Zum Nachdenken

Nimm dir doch für heute mal vor, in Gottes Gegenwart zu kommen und auf seine leise Stimme zu hören. Leg den Alltag und die Sorgen ab und werfe sie auf Jesus (1. Petrus 5,7) und werde mal ganz ruhig vor Gott.

TAG 40:
GESCHIRR SPÜLEN

Bibeltext: Matthäus 23,24-28

Lies auch noch Lukas 16,14-15.

»Ihr blinden Anführer! Ihr siebt eurer Wasser durch, damit ihr nicht aus Versehen eine Mücke verschluckt, und dann verschluckt ihr ein Kamel! Euch Schriftgelehrten und Pharisäern wird es schlimm ergehen. Ihr Heuchler! Sorgfältig achtet ihr darauf, dass eure Tassen und Teller nach außen sauber sind, doch innerlich seid ihr durch und durch verdorben – voller Missgunst und Maßlosigkeit! Ihr blinden Pharisäer! Wascht erst einmal die Tasse von innen aus; das Äußere wird dann von selbst sauber. Euch Schriftgelehrten und Pharisäern wird es schlimm ergehen. Ihr Heuchler! Ihr seid weiß getünchte Gräber – mit einer sauberen, ordentlichen Außenseite, doch innen voller Gebeine und Schmutz. Ihr gebt euch den Anschein rechtschaffener Leute, doch euer Herz ist voller Heuchelei und Gesetzesverachtung.«

Du musstest doch sicherlich auch schon einmal zu Hause Geschirr spülen, oder? Oder zumindest das dreckige Geschirr in die Spülmaschine räumen. Es ist für uns völlig einleuchtend, dass man einen Becher z. B. nicht nur von außen spült. Das Wichtigste ist doch, dass das Innere wieder einigermaßen sauber wird, damit man wieder aus dem Becher trinken kann. Einleuchtend! Nur ironischerweise machen wir Menschen es allzu oft genau andersherum. Zwar nicht bei Bechern, aber bei uns selbst. Wir achten auf unser Äußeres, damit wir nach außen hin gut aussehen. Aber was ist mit unserem Inneren? Die schmutzigen Gedanken? Die Habgier, der Egoismus, die Eifersucht und die Rachegedanken? Jeder duscht doch gerne, wenn er von außen dreckig geworden ist. Warum nehmen wir uns dann so wenig Zeit, das Innere zu reinigen?

Die Bibel sagt uns, dass Gott uns von all unserem Dreck reinigen möchte (1. Johannes 1,9), dass er uns neue, weiße Kleider anziehen möchte, dass er unsere Schuld und den ganzen Dreck wegnehmen möchte und uns weiß wie Schnee machen möchte. »Wasche von mir ab meine Sünde, und ich werde ganz rein werden; wasche mich, und ich werde weißer sein als Schnee« (Psalm 51,9). Lies in diesem Zusammenhang auch mal noch Jesaja 1,18-19.

Aber wie soll denn das praktisch funktionieren mit dem Reinigen unseres Inneren? Die Bibel sagt, dass Gottes Wort wie ein Spiegel ist (Jakobus 1,23 f.), der uns zeigt, wie wir wirklich sind. Die Bibel zeigt uns, wo der Dreck in unserem Leben ist. Aufräumen kann man also ganz einfach: Bitte Gott, dass er dich verändert, und lebe nach dem Maßstab, den die Bibel uns setzt! Jesus sagt: Wenn das Innere stimmt, dann wird das Äußere automatisch auch sauber. Du kannst dich noch so sehr anstrengen, freundlich und nett zu sein. Wenn es in deinem Herzen nicht stimmt, dann bringen alle Anstrengungen nichts! Wenn du dich dagegen von Gott verändern lässt, dann kommen manche Dinge von ganz alleine. Beispielsweise zählt die Bibel einige »Nebenwirkungen« des Heiligen Geistes auf: »Liebe, Freude, Frieden, Geduld, Freundlichkeit, Güte, Treue, Sanftmut und Selbstbeherrschung« (Galater 5,22). Das sind doch ganz gute Eigenschaften, nach denen wir uns sehnen. Nur mit Gottes Hilfe können wir so werden. Jesus nimmt hier kein Blatt vor den Mund.

Erkennst du dich bei einigen Dingen in unserem Text wieder? Wie sieht es bei dir hinter der schön gestrichenen Fassade aus? Spülst du deinen Becher immer nur von außen ab? Jesus kannte damals die Herzen der Pharisäer und er wusste, wie falsch sie waren. Doch er hat ihnen knallhart gesagt, was er von ihrem Lebensstil hält. Jesus kennt auch heute dein Herz. Was würde er zu dir sagen? Ist dein geistliches Leben so tot wie ein altes Grab und du hast nur deinen »Grabstein« neu gestrichen, damit keiner etwas merkt?

 ## Zum Nachdenken

Glaubst du, Gott könnte auch auf dich zornig werden, wenn du deine Sünde zwar erkennst, sie aber weder sein lässt noch Gott bekennst?
Wenn man dein Innerstes sehen könnte, was wäre schöner: dein Inneres oder dein Äußeres?
Wenn du in Zukunft wieder dran bist mit Geschirrspülen, dann denk daran: Gott möchte dein Inneres reinigen. Spüle deinen »Becher« nicht nur von außen ab, sondern mach ihn vor allem innen sauber!

NACHWORT

Die Sache mit dem Vorbild sein

Es war an einem sonnigen, warmen Tag, als ich auf dem Kirchentag ein wenig freie Zeit hatte. Ich schlenderte über das große Messegelände und war auf dem Weg zu einem Konzert. Als ich über eine riesige Fußgängerbrücke ging, sah ich, dass in der Mitte der Brücke jemand eine kleine Bühne aufgebaut hatte und mit einem Mikrofon predigte. Als ich näher kam, erkannte ich in ihm einen Freund, der gerade sagte: »Und hier kommt der Gitarrist von ECHTZEIT und er möchte euch erzählen, was Gott heute zu sagen hat!« Noch nie in meinem Leben war ich so sprachlos. Am liebsten wäre ich im Boden versunken, aber das ging ja nicht, weil wir mitten auf einer Brücke standen! Irgendwie kam die nächsten fünf Minuten nichts Sinnvolles aus meinem Mund und so nutzte ich die Gelegenheit, die Zuhörer zu unserem Konzert am Abend einzuladen und versprach, dort mehr von Gott und der Welt zu erzählen!

Das mit dem Vorbild sein ist so eine Sache. Es klappt nicht immer. Bei keinem von uns. Es geht auch nicht darum, verkrampft zu versuchen, vorbildlich zu sein. Aber Paulus ermutigte Timotheus und ich möchte dich ermutigen: Sei ein Vorbild! Dein Leben hat Bedeutung. Dein Leben bewegt etwas. Ob wir das nun wollen oder nicht – wir beeinflussen tagtäglich die Leute um uns herum. Unsere Schulkameraden, unsere Geschwister, unsere Eltern und unsere Freunde aus der Gemeinde. Sie werden durch unseren Lebensstil in die eine oder andere Richtung geprägt und beeinflusst. Wir alle verändern die Welt. Und du kannst selbst entscheiden, in